AF794695

LOS DUEÑOS DEL NORTE

ROBERTA GARZA

LOS DUEÑOS DEL NORTE

LA HISTORIA NO CONTADA DEL PODER EN MONTERREY

Planeta

© 2026, Roberta Garza

Diseño de portada: Planeta Arte & Diseño / Erik Pérez Carcaño
Ilustración de portada: © Getty Images
Formación: Moisés Arroyo

Derechos reservados

© 2026, Editorial Planeta Mexicana, S.A. de C.V.
Bajo el sello editorial PLANETA M.R.
Avenida Presidente Masaryk núm. 111,
Piso 2, Polanco V Sección, Miguel Hidalgo
C.P. 11560, Ciudad de México
www.planetadelibros.com.mx

Primera edición en formato epub: abril de 2026
ISBN: 978-607-39-4116-7

Primera edición impresa en México: abril de 2026
Primera reimpresión en México: junio de 2026
ISBN: 978-607-39-3859-4

No se permite la reproducción total o parcial de este libro ni su incorporación a un sistema informático, ni su transmisión en cualquier forma o por cualquier medio, sea este electrónico, mecánico, por fotocopia, por grabación u otros métodos, sin el permiso previo y por escrito de los titulares del *copyright.*

Queda expresamente prohibida la utilización o reproducción de este libro o de cualquiera de sus partes con el propósito de entrenar o alimentar sistemas o tecnologías de Inteligencia Artificial (IA).

La infracción de los derechos mencionados puede ser constitutiva de delito contra la propiedad intelectual (Arts. 229 y siguientes de la Ley Federal del Derecho de Autor y Arts. 424 y siguientes del Código Penal Federal).

Si necesita fotocopiar o escanear algún fragmento de esta obra diríjase al CeMPro (Centro Mexicano de Protección y Fomento de los Derechos de Autor, http://www.cempro.org.mx).

Impreso en los talleres de Impregráfica Digital, S.A. de C.V.
Avenida 11 463, interior Bodega 2, Colonia San Nicolas Tolentino
C.P. 09850, Iztapalapa, Ciudad de México.
Impreso y hecho en México – *Printed and made in Mexico*

ÍNDICE

PRÓLOGO

Este no es un libro de memorias. O quizá sí, pero no son del todo mías: solo orbitan a mi derredor mientras conversan entre sí, y yo soy una espectadora asombrada de ese diálogo entre vivos y muertos.

El hilo conductor de mis cavilaciones es la ciudad donde nací, crecí y, según los cánones, debí quedarme a morir: Nuestra Señora de Monterrey, la ciudad de las montañas. Y vaya montañas: sus lajas portentosas, azules, colofón de la Sierra Madre Oriental, brotan allí de la tierra en verticales majestuosas, coronadas por los naranjas y púrpuras de sus atardeceres. Desde las alturas, sus pinos enmarcan una planicie antes parda, hoy gris y siempre polvorienta, donde se asientan sus habitantes, muchos metros abajo del emblemático Cerro de la Silla. Esos montes —y la conserva de cáscara de naranja de Montemorelos— son lo único que verdaderamente extraño de mi tierra.

San Pedro Garza García, el particular rincón de la geografía regiomontana donde comencé a vivir, fue en otro tiempo la Hacienda de San Pedro, bautizada así por Diego de

Montemayor el 20 de noviembre de 1596, apenas dos meses después de que fundara lo que hoy es la ciudad de Monterrey. El sitio conservó durante siglos su vocación agrícola y su carácter pueblerino, salpicado de nogaleras y acequias, hasta convertirse en villa y adquirir sus conocidos apellidos en 1882, en honor al entonces gobernador Genaro Garza García. Hoy no hay un centímetro sin urbanizar entre Monterrey y San Pedro, con apenas un brazo de monte pétreo —conocido como la Loma Larga— separando ambos asentamientos con un ahínco casi tan profundo como los prejuicios de sus habitantes.

Estas páginas, pues, pretenden ser un recuento personal y selectivo de la historia no oficial de mi terruño, que, voluntaria o involuntariamente, fue semilla de no pocos momentos fundacionales del México moderno. Muchos de ellos, con y sin razón, son celebrados por sus habitantes; otros han sido maquillados y sanitizados hasta desfigurarlos; y algunos más fueron refundidos en el clóset de la vergüenza y la desmemoria, con la esperanza de que nunca volvieran a ver la luz.

No fue mi intención nacer en el seno de una familia con raíces tan profundas en el panorama regiomontano, una que modeló —hasta cierto punto, para bien o para mal— la mayor parte de lo aquí narrado. Algunos episodios los presencié; otros me los contaron quienes participaron en ellos, y los demás los desenterré de archivos, crónicas y bibliotecas en un intento por comprender el origen de esa mitología regiomontana que los nativos escuchamos una y otra vez desde que abrimos los ojos. Nuestra historia fundacional nos retrata como emprendedores, sinceros, honestos, trabajadores y excepcionales; gente de valores y herederos de grandes prohombres, sin que nada de esto admita duda o discusión. Si algo detestan los regiomontanos es mirarse al espejo, y atreverse a cuestionar el canon es ganarse de por vida una letra escarlata. Quizá por eso esta es, en el fondo, una historia que debió ser de amor, pero que terminó en desgarre y desilusión: un lamento por lo que pudo haber sido; un antes y un después de morder una manzana que acabó llevándome al exilio.

LA CIUDAD DE LAS TRES FUNDACIONES

Cuando la familia Torquemada decidió convertirse al cristianismo, una sombra tan larga como los siglos se agazapó sobre los judíos de la península española. Apenas dos generaciones después, Tomás de Torquemada, dominico del convento segoviano de san Pablo, sería nombrado confesor de la reina Isabel de Castilla, apodada la Católica. El repudio que ambos sentían por la raza de Abraham —a la cual consideraban traidora, avariciosa y fuente de corrupción física y espiritual para los cristianos puros— lo llevó en 1483 al puesto de gran inquisidor de los reinos de Castilla y Aragón, y a Isabel a firmar, en marzo de 1492, el Decreto de la Alhambra, también conocido como Edicto de Granada.

Torquemada, «el martillo de los herejes, la luz de España, el salvador de su país, el honor de su orden», como lo dibujó su apologista Sebastián de Olmedo, le otorgó a la población judía tres meses de gracia para hacerse cristiana o abandonar sus posesiones y sus hogares centenarios en la vieja Sefarad. Los expulsados, que sumaron entre 50 000 y 150 000 almas, tenían derecho a llevarse la totalidad de sus

sus propiedades, con la excepción de «oro y plata, o moneda acuñada u otro artículo prohibido por las leyes del reinado». Quienes permanecieron en la fe de Abraham optaron por huir, algunos a los Países Bajos, al Imperio otomano y al norte de África, y otros al vecino Portugal. Al menos hasta 1497, cuando, en el entendido de que los tesoros de la recién descubierta América valían más que todos los judíos de la península, el rey Manuel I contrajo matrimonio con Isabel de Aragón, la primogénita de Fernando e Isabel, bajo la promesa de extender el edicto a suelo luso.

Los sefardíes que optaron por el amoroso abrazo del cristianismo fueron advertidos de que, para todo judío converso en falso, o para todo cristiano que lo ayudara en su engaño, había «riesgos de perder como castigo todos sus feudos y fortificaciones, privilegios y bienes hereditarios», incluida la vida. Esto llevó a no pocos falsos conversos, también llamados «marranos», al remoto norte de lo que hoy es México. No pocos entre ellos se dedicarían a pacificar indios —como entonces se nombraba al genocidio—; pues dicha encomienda garantizaba el favor real y la aplicación discrecional de los estatutos de limpieza de sangre requeridos para obtener nombramientos y fortunas en el Nuevo Mundo, donde no se permitía asentarse como hidalgo sino a quien probara ser «descendiente de cristianos, sin mezcla conocida de moro, judío o gentil» hasta por cinco generaciones. En esas tierras bárbaras la excepción valía la pena: si los recién conversos erigían villas para la corona, probarían merecer la deferencia, y si morían bajo los cuchillos de los salvajes, poca sería la pérdida.

Fue así como los hijos novohispanos de ese éxodo fundaron, luego de varios intentos, la villa de Nuestra Señora de Monterrey. El primero en llegar a las faldas azules de la Sierra Madre fue el capitán y conquistador portugués Alberto Vieira del Canto, cuyo apellido hoy se reconoce como Cantú. Nacido en 1547, en Portugal, en villa de Praia da Vitória, isla Terceira de las Azores, fundó y se estableció en Santiago de Saltillo, desde donde cazaba indios para obligarlos a trabajar en las minas de la sierra de Picachos, en lo que hoy es Nuevo León, y en otras que llamaron de la Trinidad, cercanas a Monclova, Coahuila.

Desde su capitanía en Saltillo, Vieira salió en 1577 a establecer el campamento de Santa Lucía, contiguo a lo que entonces eran unos hermosos y cristalinos ojos de agua que hoy irrigan una acequia de burdo concreto al pie del Congreso del estado de Nuevo León. Al año siguiente lo sustituyó en el mando su suegro, el malagueño Diego de Montemayor; en parte por su incapacidad para hacer fructificar el nuevo poblado, en parte por sus descarnadas hostilidades personales, ambos fracasarían en hacer de Santa Lucía un asentamiento permanente.

El segundo intento fue aún más desafortunado. En 1537, tres años después de afianzarse en Portugal la Santa Inquisición, nació en la villa de Mogadouro, en la provincia fronteriza de Trás-os-Montes, Luis de Carvajal y de la Cueva, quien luego tendría el honor de ser el primer gobernador del Nuevo Reino de León. Fue hijo de dos conversos forzados, aunque Luis mismo se juraría siempre devoto católico.

Luis llegó a Sevilla luego de pasar una docena de años como contador real y comerciante de esclavos africanos; se había casado en 1565 con Guiomar Núñez de Ribera, criptojudía de Lisboa, pero sus estrecheces financieras y constantes conflictos conyugales lo decidieron a embarcarse, con el resto de un cargamento de vinos que había rescatado de su quiebra mercante, como almirante de la flota de las Indias Españolas, con la encomienda de corregidor de Tamaulipas. Los esposos no tuvieron hijos y nunca se volvieron a ver.

Su desempeño como azote de los piratas ingleses en las costas del Golfo y de las tribus indígenas que asolaban el interior le granjeó el título de pacificador por parte del entonces virrey Martín Enríquez de Almansa. Para dar razón del éxito de su encargo, De Carvajal fue a la capital virreinal en 1578, y se embarcó luego hacia Madrid con la intención de presentarle a la Corona su proyecto de conquista de las tierras entre el Golfo y el Pacífico. Felipe II le dio su venia en la primavera de 1579, y De Carvajal estrenó el título de gobernador y capitán general de una provincia con frontera al este en las cercanías de lo que hoy es Tampico; al oeste, con Nueva Galicia y Nueva Vizcaya; y al norte, con territorios bárbaros aún desconocidos. Llevaba la orden de exterminar o someter a los nativos, agrupados bajo el nombre genérico de chichimecas, y cinco años de plazo para dar resultados. Hoy los territorios bajo su mando comprenderían todo Nuevo León y buena parte de Tamaulipas, Chihuahua y Coahuila, así como partes de Zacatecas, Durango, Sinaloa, Nayarit y San Luis Potosí.

Regresó al Nuevo Mundo en su propio barco, el Santa Catarina, con su hermana Francisca, su cuñado y los nueve hijos de ellos. Desembarcaron en 1580 y, ya suficientemente alejados de los alguaciles de la Corona, Francisca se entregó de lleno a la práctica secreta de la religión de sus ancestros. La delató el riguroso baño semanal, el adelanto de los trabajos domésticos antes del viernes por la noche y su negativa a comer puerco. De Carvajal enfureció y amenazó con matarla, aunque se detuvo antes de denunciarla. El buen gesto le costaría la fortuna y la vida. A pesar de haber fundado innumerables poblados —entre otros, el que se cuenta al pie del Cerro de la Silla, bautizado con el nombre de su patrono del santoral: san Luis, rey de Francia, denominación que aún conserva el viejo barrio de San Luisito, el del corrido hecho famoso por Pedro Infante—, apenas cinco años después, gracias al encono del virrey Álvaro Manrique de Zúñiga y Acevedo, este ordenó apresar a De Carvajal y anular su carta de limpieza de sangre. En 1589 el capitán Alonso López lo detuvo, enviándolo a las cárceles de los inquisidores dominicos. Pronto lo investigaron junto a toda su familia a causa de la acusación de Felipe Núñez, un ayudante que juró haber escuchado, cuando De Carvajal terminaba de leer el salmo *Gloria Patri et Filio*, a su sobrina Isabel contestarle: «No diga eso, tío, que el Hijo aún no ha venido».

El fiscal de la Inquisición, Lobo Guerrero, fue implacable. Bajo tortura de potro, los familiares confesarían sus faltas, reales e imaginadas. De Carvajal sería acusado de herejía y de «ser observante de la ley de Moisés». Después se reduciría el cargo a ser «fautor, receptador, cómplice y encubridor de apóstatas a la santa fe católica», obligándolo a abjurar en una ceremonia pública y humillante en la catedral de la Ciudad de México. Sería despojado de todos sus títulos y bienes, condenado a un año de cárcel y exiliado por seis años del Nuevo Mundo, sentencia que no cumpliría, pues murió poco después, en prisión, «de pesadumbre».

Su heredero nombrado, hasta que le fue revocado el honor en las postrimerías del proceso, fue su lugarteniente durante sus ausencias y campañas: su sobrino Luis de Carvajal, apodado, para distinguirlo del tío, el Mozo. Nació en España hacia 1567 y, como sus hermanas, fue educado en secreto en la religión de sus ancestros. Para refrendar su devoción, cuenta en sus *Memorias* que se practicó a sí mismo la circuncisión: «Y leyendo un día en el capítulo 17 del Génesis, donde el Señor mandó circuncidarse a Abraham, nuestro padre santo [...], se cortó casi todo el prepucio, de manera que solo quedó de él un poco por cortar por ser tan broncas las tijeras».

Luego del arresto, Francisca y sus hijas, con la compasión habitualmente mostrada a las mujeres por la Inquisición colonial, fueron condenadas en la Ciudad de México, en el auto de fe del 24 de febrero de 1590, a uno o dos años de azotes y ayunos, a portar el sambenito y a recluirse en una casa pobre frente al convento de Santiago Tlatelolco. A Luis el Mozo, luego de haber confesado sus pecados entre lágrimas y sollozos, lo enviaron de por vida a San Hipólito, el primer hospital para enfermos mentales de América, donde ejerció a regañadientes como ayudante del capellán hasta que lo enviaron a reunirse con sus familiares.

Incitados por los sueños y las visiones místicas que había comenzado a tener el recién llegado —quien para entonces había cambiado en secreto su nombre por el de José Lumbroso, por la refulgente luz de la fe mosaica, y había escrito tratados de devociones hebraicas—,[1] la familia De Carvajal tuvo la osadía de reincidir en su devoción a aquello a lo que poco tiempo atrás habían renunciado pública e ignominiosamente. Otra vez fueron descubiertos, arrestados y torturados, y al Mozo se le dio por compañero de celda a un sacerdote encubierto, con la encomienda de ganarse la confianza del reincidente para hacer acopio de más cómplices, más herejes y más hogueras.

Ciento quince personas fueron así inculpadas, entre ellas la madre y las hermanas del preso. El 8 de diciembre de 1596, segundo domingo de Adviento y Día de la Concepción de Nuestra Señora la Virgen María, los De Carvajal fueron condenados a la hoguera junto a otros 45 hijos de Abraham. El Mozo fue placeado, amordazado por la cantidad de blasfemias que lanzaba a diestra y siniestra, y sometido al escarnio de la turba por las calles de la Ciudad de México. Llegó a su cadalso en el quemadero de San Hipólito, junto a la Alameda Central, andrajoso, ensangrentado y sucio, con sambenito, corzas, capa retorcida y vela verde.

[1] Tres de estos libros se resguardan en el archivo de la Biblioteca Nacional *(N. de la a.)*.

A diferencia de su primer arresto y confesión, esta vez se rehusó a arrepentirse, a pesar de las lágrimas y ruegos de su madre y de sus hermanas Catalina, Leonor e Isabel, quienes, por haber aceptado en sus horas finales el abrazo de la compasiva Iglesia, perdieron la vida gracias a la rápida misericordia del garrote antes de que quemaran sus cadáveres. José Lumbroso, en cambio, llegó desafiante al mástil de su propia pira, colocada junto a las de los despojos de sus familiares, todo frente al palco del virrey de Zúñiga y Acevedo.

Solo se salvaron las menores Ana y Mariana, la primera por su tierna edad; la última al ser declarada loca por sus marcados cambios de humor y largos periodos de lasitud. Aunque algunos años después, al mejorar su disposición, sería considerada suficientemente cuerda para ser juzgada y enviada a la hoguera. A Ana, apodada Anica, la entregaron como penitente a una familia católica para su custodia y educación, pero en su madurez la acusaron de reincidente, hereje y apóstata. Aquejada por lo que pudo ser cáncer en los senos, fue ahorcada en 1647 y, dos años después, sus huesos fueron desenterrados y quemados. El único De Carvajal en suelo americano que quedó a salvo fue el mayor de los hijos de Francisca, Gaspar, quien desde muy joven tomó los hábitos dominicos. Entre los criptojudíos novohispanos se solía mantener al primogénito en la ignorancia de las ocultas prácticas judaizantes de la familia, educándolo como devoto cristiano hasta su envío al convento antes de la adolescencia. A los primogénitos los ofrecían así a la Iglesia, a modo de sacrificio propiciatorio, para proteger al resto de la sospecha de ser «marranos». Gaspar poco pudo decirle al fiscal y solo fue castigado con la prohibición de tomar votos mayores, además de ser relegado al último lugar en el coro y el refectorio del convento, donde permaneció hasta su muerte. Los únicos De Carvajal que escaparon de la Santa Inquisición fueron Baltasar y Miguel, quienes, en cuanto supieron del arresto del tío, vivieron escondidos por casi un año. Huyeron finalmente hacia Italia y asumieron allí los nombres de David y Abraham Lumbroso.

Tras la desgracia de los De Carvajal, la villa de San Luis quedó abandonada hasta su tercera y definitiva fundación. Esta recayó por segunda vez en manos de Diego de Montemayor, quien había retomado el mando del ayuntamiento de Saltillo luego de su primer fracaso en Santa Lucía. Montemayor regresaría en 1596, esta vez a la cabeza de una docena de familias, todas mal que bien conversas, para refundar el 20 de septiembre la villa de Nuestra Señora de Monterrey, nombre dado en honor a la virgen y al entonces virrey Zúñiga, también conde de Monterrey, el mismo que pocos años antes presidiera en el Zócalo de la Ciudad de México la agonía de los De Carvajal.

Para esas fechas, Montemayor ya era tres veces viudo. Su primera esposa, en el Viejo Mundo, fue Inés Rodríguez. Una vez en América, se casó con María de Esquivel, madre de su único hijo varón, y finalmente con Juana Porcallo de la Cerda, a quien él mismo habría ultimado al encontrarla en la cama con el rubio y guapo Alberto del Canto, quien huyó despavorido para no seguirla al más allá por obra de la espada del agraviado. Para lograr la reconciliación, Del Canto propuso casarse con Estefanía, la hija de su amante y del cornudo. Ya se conocían, pues ella frecuentemente lo veía meterse en la cama de su madre. Montemayor, quien había prometido no cortarse la barba hasta matar a su rival de amores, se conformó con una pobre revancha al azuzar al dominico fray Pablo de Góngora. Luego, en 1593, acusó a Del Canto ante la Inquisición; durante el tiempo que duró el infructuoso juicio, el portugués se fue a esconder entre las tribus indígenas a las cuales antes había asolado. Se dice que, al ser exonerado Del Canto, Montemayor condicionó la unión con su hija para que los futuros hijos de Alberto y de Estefanía —Miguel, Diego y Elvira— llevaran el apellido materno y no el paterno, costumbre de por sí común entre los sefarditas del Nuevo Mundo. En todo caso, los Montemayor y los Del Canto entraron por segunda vez, ahora como una sola familia, al valle de Extremadura, donde construyeron casas rudimentarias de adobes encalados; comieron cardos y raíces mientras establecían magros cultivos y trataban de mantener vivos sus hatos de chivas, al tiempo que resistían los ataques de las tribus nómadas. Agradezco que hayan perseverado, pues Alberto del Canto y Estefanía Montemayor son ancestros míos.

Otra de las familias que acompañó esta tercera y última fundación fue la del capitán Marcos Alonso de la Garza Arcón, hijo de Carola de la Garza y Marcos Arcón, oriundo de Vizcaya, aunque nacido en Lepe y, dice una leyenda seguramente falsa, bisnieto bastardo del rey Fernando II de Aragón y Castilla. Se casó primero con Sebastiana García, luego con Juana Treviño Quintanilla y por último con Catalina Martínez, siendo nueve sus hijos conocidos, además de los anónimos que tuvo con sus sirvientas y esclavas. Su hijo Pedro dio su apellido al municipio conurbado de San Nicolás de los Garza, así como a una buena parte de los futuros habitantes de la región, incluyéndome.

LA RUBIA QUE TODOS QUIEREN

Ciento cincuenta años después de su fundación definitiva, Monterrey tenía apenas 3 334 habitantes, cifra que no se duplicó hasta los albores del siglo xix. Fueron las gestiones de los generales Santiago Vidaurri y Bernardo Reyes las que, para 1900, llevaron a la ciudad a un crecimiento de 62 000 almas, otorgándole la vocación comercial e industrial que sus habitantes acogieron con los brazos abiertos.

El primer registro público del general Vidaurri, nacido el 25 de julio de 1809 en la villa de Lampazos, fue a sus 24 años, cuando ingresó a la cárcel por haberle cercenado de tajo la mano izquierda al soldado Juan Olivares en una riña cantinera. Ocho años después fue nombrado comandante de una cuadrilla con la encomienda de exterminar las tribus indígenas que los fundadores habían dejado vivas; poco tardó en convertirse en capitán de las compañías que resguardaban Tamaulipas, Coahuila y Zacatecas de los bárbaros. La debilidad del Gobierno central en esos turbulentos años le permitió regentear el norte del país a su antojo; el ejército a su cargo le obedecía antes que al presidente, y su reparto de tarifas e impuestos era tan discrecional como las exiguas leyes federales. Pero su caída se dio al querer ser rey de derecho cuando ya lo era de hecho. En la primavera de 1855, al tiempo que Juan Álvarez e Ignacio Comonfort lanzaban el Plan de Ayutla para sacar de una buena vez a Antonio López de Santa Anna del poder, Vidaurri se enseñoreaba en el norte, promulgando un manifiesto llamado bombásticamente Restaurador de la Libertad. En él proponía anexar Coahuila a Nuevo León, con Monterrey como capital, con la intención última de formar su propia República de la Sierra Madre.

El creciente recelo de sus generales Ignacio Zaragoza y Mariano Escobedo lo llevó a resguardarse durante un año en Texas, hasta el 26 de junio de 1861 cuando, pensando librarse de una buena vez tanto de los levantamientos locales como del yugo federal, pidió reunirse con Juan A. Quintero, enviado de Jefferson Davis, presidente de la malhadada Unión Confederada en rebelión contra Abraham Lincoln. Allí el gobernador le planteó al atónito Quintero la posibilidad de que los sureños anexaran los territorios del norte de México a los estados esclavistas de Carolina del Sur, Florida, Mississippi, Georgia, Alabama, Texas y Luisiana, para formar una nueva unión capaz de desafiar tanto a Washington como a la Ciudad de México. «Dios hizo a todo México hermoso, excepto a su gente», le diría el general al diplomático.

Se desconoce por qué Davis no aceptó tan generosa oferta, pero el negocio que terminaron haciendo fue suficiente para permitirle al militar dominar durante años su coto al pie del Cerro de la Silla. En su guerra contra los yanquis, los confederados necesitaban urgentemente una ruta segura para importar pólvora, armas y grano, así como para exportar su algodón y melaza hacia los mercados europeos. La Unión les había cerrado los puertos de Texas en 1862, y Vidaurri estuvo allí para hacerles el favor por la módica suma de dos centavos por cada libra de mercancía, habilitando como puertos fronterizos a los poblados de Reynosa, Ciudad Mier, Nuevo Laredo y Piedras Negras, entre otros.

Si bien Vidaurri peleó junto a Juárez en las guerras de la Reforma, en 1864, disgustado por las constantes demandas y reprimendas de la distante capital y viendo perdida la viabilidad de levantar su propia República, le escatimó apoyo al oaxaqueño en su huida al norte. Además, le ofreció sus tropas a la intervención francesa y unió así su suerte a la del malhadado emperador Maximiliano. Fue entonces cuando sus generales le voltearon definitivamente las espadas para ponerlas al servicio de México. El 2 de abril de 1864, el presidente Juárez entró triunfante a Monterrey, y Vidaurri vivió tres años a salto de mata, hasta que fue capturado por fuerzas porfiristas en la Ciudad de México y prontamente fusilado en la Plaza de Santo Domingo, de espaldas, como un vil traidor.

El de Lampazos no pudo concretar sus intenciones separatistas, pero logró formar una efervescente zona de libre comercio con sus vecinos del norte que sobrevivió tanto a su caída como a la de los confederados. Muchos particulares se beneficiaron de ese lucrativo arreglo, pero pocos tanto como Patrick Milmo O'Dowd, aventurero irlandés que vino al Nuevo Mundo a encontrar su tesoro al final del arcoíris en un pastel de bodas al desposarse con María Prudenciana Vidaurri, la única hija del otrora poderoso gobernador. Hay que decir que, para entonces, Milmo ya había construido por su cuenta una exitosa empresa bancaria fronteriza, Casa Milmo, que operaba desde Matamoros y Torreón hasta Eagle Pass y Laredo. Sus descendientes siguen haciendo buenos negocios, y no solo en Monterrey. Emilio Azcárraga Vidaurreta, nacido en Tampico, Tamaulipas, en marzo de 1895, lanzaría en la década de 1930 la XEW Radio y, posteriormente, el canal 2 XEW-TV. Luego, en sociedad con mi abuelo Roberto y su hermano Eugenio, surgiría Televisión Independiente Mexicana, o TIM, precursora de Televisa. El capital necesario para que Azcárraga Vidaurreta montara la repetidora y el canal de donde saldría su imperio televisivo llegó cuando se casó, en la década de 1920, con Laura Milmo Hickman, nieta de la pareja Vidaurri-Milmo. Aunque el sistema de aduanas y aranceles de Vidaurri siguió viento en popa, su caída inauguró para el norte de México una época turbulenta. Ocuparon la jefatura del estado, a través de revueltas sucesivas, los generales Jerónimo Treviño y Francisco Naranjo, o sus lugartenientes. Así fue hasta 1871, cuando ambos decidieron engarzarse en las fallidas rebeliones de La Noria y de Tuxtepec, encabezadas por Porfirio Díaz, con el fin de impedir que Juárez se reeligiera una vez más.

La paz no llegaría sino hasta el otoño de 1885, ya con Díaz como presidente, cuando este le entregó la jefatura de la Tercera Región Militar a su fiel general Bernardo Doroteo Reyes Ogazón. Tapatío de 35 años y dotado con tropas suficientes para tomar Monterrey por las buenas o por las malas, Reyes dominaría el futuro político y económico de la región durante los siguientes veinte años. Alfonso, el noveno de los 12 vástagos que el militar tuvo con Aurelia de Ochoa-Garibay y Sapién, retrataría una y otra vez en sus letras el sol incandescente de su niñez regiomontana, el mismo que aún hoy, en días claros, ilumina nuestras montañas azules con fuegos olímpicos.

De corte progresista y estupendo administrador, Reyes sentó las bases del futuro crecimiento industrial neoleonés con modernidades, como el ferrocarril, el alumbrado público, la creación de escuelas normales y la construcción de carreteras empedradas de hasta dos carriles. Su principal aportación, sin embargo, fue su generosidad para extender subsidios y exenciones fiscales a toda nueva empresa, de capitales mexicanos o extranjeros, que quisiera asentarse en sus territorios. Admirado en el estado hasta el día de hoy, las causas que arrancaron a Reyes de su utopía norteña no fueron desavenencias locales, sino el descascaramiento del Porfiriato en la capital y las pugnas por la sucesión. Abandonó el cargo solo cuando el presidente Díaz, menguante en su poder y preocupado por la creciente popularidad de su general al norte, lo envió luego de las elecciones de 1909 a encabezar una comisión militar a Europa, que no terminaría sino hasta la primavera de 1911, una vez consumada la caída del oaxaqueño.

Reyes volvió para pelear contra Francisco Ignacio Madero, pero, con la sombra de su autoritario mentor a cuestas, no pudo vencer al demócrata, de manera que fracasó en su intento de regresar, si no a Porfirio mismo, al menos al Porfiriato. Con el fin de derrocar al nuevo presidente, desconoció la legitimidad de los comicios y lanzó desde el norte el Plan de la Soledad. La mecha no prendió. Fue apresado en Linares, condenado a muerte y encerrado en la cárcel de Santiago Tlatelolco, donde Madero le conmutó la sentencia por cadena perpetua. Más pronto que tarde, el caos y la ingobernabilidad que emanaban de la novel administración borraron de la memoria ciudadana la mano de hierro de la dictadura, y la trágica figura de un Reyes heroico, languideciendo en la cárcel a causa de su fervor patrio, creció a pasos agigantados. El poeta Rubén Darío lo equiparó con el Coriolano de William Shakespeare cuando el general declaró desde su celda: «Aquí estoy ante vosotros, sereno en mi conciencia, pues abrigo la convicción de estar acusado por actos que no infaman».

El 9 de febrero de 1913, la tropa de Tacubaya, al mando de Manuel Mondragón, se levantó en armas para tomar Tlatelolco e inaugurar, con la liberación del general tapatío, lo que sería conocido como la Decena Trágica. Reyes no llegaría lejos: fue abatido por una ráfaga de metralla a las puertas del Palacio Nacional. Solo entró al recinto ya como cadáver, cuando los federales lo arrastraron para mostrárselo a Madero, quien salió ileso de la asonada.

Reyes sería enterrado en la Ciudad de México, en el cementerio del Tepeyac, y allí permanecería hasta 1984 cuando, por órdenes del gobernador Alfonso Martínez Domínguez, su cuerpo fue trasladado a Monterrey, a la recién construida Explanada de los Héroes, para sepultarlo con honores a poca distancia del Palacio de Gobierno que él mismo edificó: un edificio de hermosa cantera rosa traída de San Luis Potosí, que terminó de construirse un año antes de que Reyes abandonara México.

Si bien el general Bernardo Reyes tuvo un final ignominioso, el gobernador Reyes fue —y sigue siendo— un héroe para los habitantes de Nuevo León. Eran los albores del siglo XX y, en parte gracias a los generosos apoyos otorgados desde su gobierno a las nuevas empresas, las fortunas de las familias regiomontanas favorecidas por el caudillo crecieron de manera sustancial. Los Rivero, Muguerza, Milmo, Armendáriz y Calderón estuvieron más que listos para abrevar de las mieles de la Revolución Industrial, abonada por las nuevas tecnologías traídas desde Europa y Estados Unidos.

Es leyenda nunca desmentida que, ante una petición a Reyes de los fundadores de la Cervecería Cuauhtémoc, el popular pulque habría sido en Nuevo León, si no oficialmente prohibido, sí vilipendiado desde la autoridad como un producto insalubre y apenas digno de las clases más bajas, favoreciéndose en su lugar la cerveza, promocionada como «un excelente alimento» que se recomendaba incluso para los niños más pequeños, gracias a su esterilización y a los cereales utilizados en su manufactura. «No causa flatulencia ni biliosidad», decía de la Carta Blanca un anuncio de época, y la Cuauhtémoc afirmaba ser «la cerveza propia para la mujer débil: fortalece, vigoriza y ayuda a las mamás a criar a sus niños».

La Cuauhtémoc no fue la primera cervecería fundada en Monterrey, pero sí la pionera en aplicar el modelo industrial de producción en serie. La mancha urbana abarcaba entonces apenas unas cuantas cuadras, delimitadas por quintas campestres encharcadas por los escurrimientos de los ojos de agua de Santa Lucía. Los distintivos de la pequeña villa eran una fuente de delfines de mármol en la plaza Zaragoza, frente a la catedral, atribuida tanto al maestro italiano Mateo Mattei como al francés Teodoro Giraud, y unas modernas luminarias que, en 1886, trajo desde Nueva York el doctor y filántropo José Eleuterio González, universalmente apodado por los muchos pobres que atendía de manera gratuita como el doctor Gonzalitos. Fundador de una escuela de obstetricia y medicina que, para escándalo de muchos, formaba tanto a hombres como a mujeres, Gonzalitos sentó la semilla del futuro Colegio Civil, cuna de la Universidad de Nuevo León.

El mismo año en que se encendieron las lámparas de Gonzalitos, aprovechando la fábrica de hielo anexa a sus almacenes, el abarrotero José Calderón de la Penilla abrió una pequeña cervecería que no prosperó. Cuatro años después, su viuda Francisca Muguerza, el hermano de ella, José A. Muguerza, el maestro cervecero José María Schneider y Francisco Sada aportarían 125 000 pesos de capital para un segundo intento, esta vez encabezado por uno de los empleados de confianza, convertido en socio del ya para entonces difunto Calderón: Isaac Garza Garza, mi bisabuelo.

La concesión fue solicitada el 16 de diciembre de 1890 y otorgada cuatro días después, bajo el nombre de Fábrica de Cerveza y Hielo Cuauhtémoc. Comenzó a operar al año siguiente y, dos años más tarde, el 5 de agosto de 1892, el Gobierno le brindó 12 años de exención de impuestos. Al poco tiempo se construyó su hermosa fábrica de ladrillo rojo, enmarcada por arcos de involuntarios aires moriscos, desde los cuales se erguían chimeneas arropadas por enredaderas que perfumaban la colonia con el vapor de la malta tostada. En sus jardines se colocaron llaves para que, los fines de semana, las familias visitantes se sirvieran un vaso de lager fresca, completamente gratis, mientras sus hijos retozaban en el pasto.

Mi bisabuelo nació el 3 de junio de 1853 y fue el único hijo de Juan de la Garza Martínez, abarrotero y hacendado de San Nicolás de los Garza, fallecido poco después del nacimiento de su primogénito mientras, por tercera vez, servía como alcalde de Monterrey. Poco antes de morir se había hecho de una propiedad en la calle céntrica Doctor Mier, y su viuda, Manuela Garza de la Garza, se mudó allí desde San Nicolás con su hijo pequeño. Ella vendió parte de los predios adjuntos y con eso pagó las deudas de su marido, para luego rebautizar la tienda de abarrotes como Viuda de la Garza y Compañía.

Dos años después, se volvió a casar, ahora con José Palacio, no sin antes multiplicar sus bienes hasta llegar a tener, además de la tienda y la hacienda, cerca de 15 fincas esparcidas por las faldas del Señorial Obispado. Mi bisabuelo Isaac construiría en una de ellas una bellísima casa de cantera rosa y elegantes interiores de madera que, muchos años después, a punto de ser demolida para ampliar la calle, fue comprada y desmantelada piedra por piedra por la familia Rivero, con la intención de recrearla en otro sitio. Esa reconstrucción nunca se dio, pero yo sigo imaginando que, mientras acumulan polvo en alguna bodega, esas piedras guardan entre sus vetas la memoria de la vida de mi bisabuelo.

Manuela enviudó de nuevo en 1870, y su hijo, apenas adolescente, se quitaría el «de la» de su primer apellido para acercarse al materno, en un remedo quizá involuntario de las costumbres de sus antepasados sefardíes. Fue enviado a España con los parientes de su padrastro para estudiar comercio en la ciudad de Santander y, luego de cinco años, regresó para trabajar en San Luis Potosí, donde conoció a José Calderón, quien lo invitó a volver con él a Monterrey para llevarle la contabilidad. Allí permaneció 15 años, hasta la muerte de don José, cuando, junto con su viuda, fundó la cervecería Cuauhtémoc.

Isaac se había casado en 1887 con Consuelo Sada, hija de su futuro socio Francisco, con quien tendría a Consuelo, Isaac, Angelina, Eugenio, Rosario, Roberto, Carmen y Amparo. Los varoncitos estudiarían bajo la tutela de los jesuitas, en la ciudad de Saltillo, y luego en el Colegio Hidalgo de Monterrey, a cargo de los maristas; más adelante, a Roberto y Eugenio los enviarían al Massachusetts Institute of Technology, o MIT, modelo sobre el cual fundarían, años después, un Tec de Monterrey que aún le debe mucho a su inspiración original. Las señoritas, distanciándose del ejemplo de su abuela Manuela, fueron formadas exclusivamente para sus futuros matrimonios y maternidades, aprendiendo letras básicas, costura, cocina y cultura general con institutrices educadas en Europa; cursaron luego la secundaria en las escuelas del Sagrado Corazón de Jesús. Darles a las mujeres una educación y unas aspiraciones de segunda es una tradición que, al menos entre las clases altas de Monterrey, parece continuar con fuerza hasta nuestros días.

La Carta Blanca fue una de las primeras cervezas de la nueva fábrica, así como la Cuauhtémoc, que luce al emperador azteca en la etiqueta y que es universalmente conocida como la Indio porque la gente la pedía —y aún la pide— como «deme una del Indio». La misma suerte corrió la XX, de la veracruzana cervecería Moctezuma, fundada en 1894 e incorporada al grupo regiomontano años después; la mezcla fue hecha para celebrar la llegada del siglo XX pero, al consignarse la fecha en ignotos números romanos, pronto fue rebautizada por los consumidores como Dos Equis. Inolvidables también la cerveza Superior, una lager dorada que alcanzaría fama en las décadas de 1960 y 1970 gracias a una campaña publicitaria que la nombraba «La rubia que todos quieren», en la que despampanantes chicas de largas y blondas cabelleras sostenían, ligeras de ropa, un vaso escarchado y espumoso.

Todo esto pudo quedar en nada cuando estalló la Revolución y, por su filiación reyista, la crema y nata regiomontana se decantó por Victoriano Huerta, inaugurando su costumbre de yuntarse a liderazgos impresentables. Cuando Venustiano Carranza, después de un año de asedio, tomó Monterrey en 1914, una de sus primeras acciones fue confiscar la cervecería, que no les fue devuelta a sus dueños sino hasta un año después. Al comenzar el sitio, en 1913, Isaac huyó con su familia a Denver, Colorado, y de allí a St. Louis, Misuri, donde mi abuelo Roberto trabajaría como despachador y acomodador en un cine.

Su regreso a Monterrey fue todo menos grato: su hermano mayor, también llamado Isaac, pronto sería secuestrado por gavilleros y liberado en Nuevo Laredo tras el pago de un rescate cuyo monto desconozco, pero que sin duda debió de haber sido cuantioso.

Mi abuelo comenzó a trabajar en la cervecería en 1918, a los 23 años, recién terminados sus estudios de ingeniero mecánico en Massachusetts; su padre lo instaló como ayudante del superintendente para que aprendiera el funcionamiento de las máquinas de los tornillos para arriba. Este involucramiento total de los dueños, con los fierros y con el personal, sigue presumiéndose como emblemático en los mitos fundacionales regiomontanos, aunque hace muchas décadas que dejó de practicarse.

En esos años nadie se extrañaba de ver a los patrones en las naves industriales, con las rodillas en el piso, desentrañando las tripas de acero rezumantes de aceite de las máquinas junto a los técnicos de base, con quienes hablaban largo y tendido sobre la forma y el material óptimos para fabricar el remache perfecto o la tuerca necesaria para ajustar una u otra pieza, desentendidos del infernal calor y del polvo de las fábricas. Hoy el capitán de empresas promedio muy a duras penas conoce el nombre de las recepcionistas de sus oficinas corporativas, asépticas y refrigeradas, a kilómetros de distancia de los corredores industriales que sobreviven a la ciudad como viejas glorias.

Una de las primeras encomiendas de mi abuelo fue apuntalar la iniciativa soñada en conjunto con su padre: la Sociedad Cuauhtémoc y Famosa. Embebidos de un catolicismo ultramontano que elevaba la soteriología individual a deber social, el bienestar físico y espiritual de quienes los rodeaban —desde sus parientes y amigos hasta sus empleados— era asumido como una responsabilidad inseparable de su manera de crear riqueza y como un objetivo colectivo. Allí no se contrataban empleados, sino familias, y los fundadores conocían los nombres de las esposas y de los niños de la mayoría de sus obreros.

Al año siguiente del arranque de la sociedad, en 1919, se dieron los primeros aguinaldos por 2 663 pesos, y en 1922 comenzaron a otorgarse vacaciones pagadas de, cuando menos, una semana al año. En sus clínicas se atendían las familias de todos los empleados, incluida la mía; allí solicitábamos cita como cualquiera y nos sentábamos en las salas de espera junto a los demás. En esos años idos, al descendiente que osara ostentar el apellido para obtener ganancias o favoritismos en detrimento de otros, dentro o fuera de la empresa, le esperaba una buena y certera tunda.

Todo esto sucedió una década antes de que en México se firmara, en 1933 —año de la muerte de don Isaac—, la primera Ley Federal del Trabajo. La pequeña y utópica burbuja que los Garza Sada crearon a los pies del Cerro de la Silla convertiría a las empresas del grupo en las más deseables para emplearse en todo el país, y a Monterrey en una de las ciudades más buscadas para vivir.

Más allá de la meritocracia descarnada en la que creían los fundadores, desconozco las razones por las cuales fueron mi abuelo y su hermano Eugenio, por encima de los demás hijos de don Isaac, quienes terminaron conduciendo exclusivamente los negocios que heredaron del padre. Siempre estuvieron juntos, turnándose la presidencia año con año y complementando el carácter introspectivo y reflexivo de uno con el extrovertido y ejecutivo del otro.

Otorgar a los trabajadores y a sus familias beneficios como un plan de salud integral —para el cual reclutaron a los mejores médicos del país—, becas escolares para los hijos de los empleados, descuentos sustanciales en despensas, mueblerías y ropa, y abonos blandos destinados a pagar casas sólidas y de buen tamaño, diseñadas por reconocidos arquitectos, con su propio jardín y fachada individual, era su manera de construir no solo la mejor y más leal fuerza laboral del país, sino lo que ellos entendían, en el marco de la doctrina social de la Iglesia, como una utopía cristiana en la tierra. Nada de esto se cobraba, pero tampoco era gratis.

Porque si bien la pertenencia a ese paraíso orgullosamente norteño conllevaba indiscutibles privilegios, estaba condicionada a la sumisión total a su canon madre, conservador y católico: uno que consideraba anatema, por ejemplo, que trabajara una mujer con hijos, o que veía con malos ojos contratar a divorciados o a hijos de madres solteras, por asumir como dudoso su carácter moral, una mancha capaz de contaminar al resto de los virtuosos inocentes. En ese edén social imperaban la seguridad, el bienestar, la moral y las buenas costumbres, pero solo como las entendían los patriarcas: el ángel con la espada de fuego a la entrada no tenía empacho en expulsar para siempre a quienes osaran fraternizar con alguna serpiente, incluyendo, en su momento, a la orden entera de la Compañía de Jesús.

Mi abuelo se casó en 1921 con su prima hermana, Margarita Sada García, debiendo solicitar las debidas dispensas a Roma que, para sorpresa de nadie, fueron rápidamente otorgadas. Su casa en el Obispado, hoy Casa de la Cultura de Nuevo León, fue la primera en la ciudad con aire acondicionado; igualmente pioneros fueron a la hora de tener televisión, primero en blanco y negro y luego a color, así como coches de combustión interna.

Mi abuela Margarita, Mane Margarita, como la conocíamos sus nietos, poseía un humor tan negro y elegante como sus guantes de encaje. «Roberto, ya vámonos a dormir porque estamos desvelando a las visitas», era una de sus broncíneas frases, que utilizaba para señalarles a los invitados que la estaban aburriendo; o esta otra, que les recetaba a sus descendientes inoportunos: «Muchachito, ¿traes coche? Porque allí está el chofer para que te regrese a tu casa, no te vayas a cansar caminando». Cuando mi madre fue a decirle que me bautizaría como Mercedes, en honor a su propia madre, ella rechazó el tributo y pidió que me nombraran Roberta, como a su marido. «Pero si usted ya tiene un nieto Roberto» le habría dicho mi madre, refiriéndose al primogénito de su primogénito, a lo que ella contestó: «Sí, pero ese no promete demasiado».

Entre las últimas fotos de mis abuelos hay una en la que están en su casa de playa, en Manzanillo, ya mayores, cómodamente instalados en sillas de bejuco blanco bajo una sombrilla amarilla. Llevan ropa de playa sencilla: ella con el cabello recogido en un chongo suave y un vestido de lino; él, en pantalones de algodón, sandalias y un sombrero panamá blanco. Están solos, con el mar de fondo, sonrientes, platicándose algo con la voz, las manos y los ojos, con el afecto fino que se prodigaban siempre.

No puedo saber qué tan cierto fue el rumor mil veces contado de un amorío que él habría tenido con una hermosa dama de la buena sociedad regiomontana. Cierto o no, fue inconsecuente; yo los recuerdo siempre así, mirándose el uno al otro como reflejos en un espejo, reconociéndose como si el mundo más allá de ellos fuera algo ajeno.

MATER ADMIRABILIS

Mi madre usaba blusas blancas, siempre de lino o de algodón, de encaje o de deshilado. Las portaba como armadura, como una barrera infranqueable, planchada y almidonada, que se interponía ante mis abrazos contagiados del germen de la niñez. Sin importar el clima caluroso y húmedo de Monterrey, las mangas eran largas y el cuello, cerrado; la falda, siempre oscura, caía hasta debajo de la rodilla, y las medias, blancas o negras, gruesas y opacas, recordaban a las del uniforme del colegio de monjas del Sagrado Corazón de Jesús, que se quitó apenas para casarse.

La casa de su niñez quedaba a escasas cuadras de ese colegio. Nunca entendí la razón de aquel temprano enclaustramiento que ella afirmaba voluntario. Lo cierto es que recontaba sus andanzas del internado como las más entrañables: la recepcionista que se pintaba las canas con papel de china negro y, con el calor, sudaba gotas de tinta; la exhortación de las monjas a no bailar con los novios en sus escasas salidas, a menos que la Virgen cupiera entre los cuerpos; la indicación de dormir con la puerta de la habitación abierta y las manos fuera de la cobija, y de bañarse bajo un batón, pues las tentaciones de la carne solo podían satisfacerse bajo el santo sacramento del matrimonio y con fines reproductivos; y la lista de los premios que había obtenido, culminando al graduarse con la medalla de María, reservada para las mejores alumnas, las destacadas en sus notas, pero sobre todo en los más acendrados valores de mujer cristiana.

Ella regresaba a sus historias del colegio una y otra vez, como si no se cansara de recordarlas, con una sonrisa cálida que solía reservar para las visitas. Se equivoca quien imagina algún abuso o trauma temprano: las raras veces que abordaba la domesticidad de su infancia no lo hacía con resentimiento ni con angustia, sino con desinterés, como si esa parte de su historia no significara nada para ella, a diferencia de la que fue tejiendo con su familia política, cuya pertenencia afirmaba como si fuera su mayor orgullo.

Su padre murió años antes de que yo naciera y, a la fecha, no conozco el rostro ni la historia de quien fuera mi abuelo materno. Las descripciones de los rincones de su casa de niña o de los juegos con sus hermanos fueron casi inexistentes, como lo fue su relación con ellos ya de adulta y, por extensión, la nuestra. A su madre, mi abuela materna, la visitaba poco, pero solía usar como coartada permanente la demencia senil y la insuficiencia cardiaca que esta padeció al envejecer. Recuerdo una y otra vez a mi padre, con su puntualidad prusiana, esperándola de traje y corbata en el quicio de la puerta a la hora de salir a alguna cena o inauguración, apretando la quijada cuando ella finalmente aparecía, en pijama, con la cara derritiéndose en ungüentos y el cabello en rulos, para anunciar que había decidido no ir a la cena, a la inauguración o al teatro porque las enfermedades de su madre la obligaban a quedarse junto al teléfono.

Yo bendecía las veces en que, en vez de marchar bufando hacia su biblioteca, él optaba por invitarme a acompañarlo; para un caballero como él, chapado a la antigua, ir solo a eventos públicos no era de buen ver y, en ausencia de su esposa, su hija menor resultaba un sustituto aceptable. Me bastaban 15 minutos y algo de labial para convertirme en la princesa de la noche, sin importar que luego mi madre me cobrara con creces la osadía de haberle arruinado el ardid.

Sé que mi abuelo materno se llamaba Cayetano porque el único objeto que lo recordaba, colocado en una mesa del vestíbulo de la casa, era una pequeña efigie encapelada de su santo patrono, traída de su patria italiana. También sé que su propio abuelo, de apellido Curccio o Curzio, llegó a Veracruz a mediados del siglo xx, en barco, luego de haber apedreado a un cura por razones que daría cualquier cosa por conocer. Esto último no lo contaba ella, como tampoco contaba que sus tías paternas fueron universitarias, logro vergonzante para quien recitaba, casi como una oración, que las señoritas que alardean inteligencia no se casan, que una buena mujer debe asentir siempre a los dictados de su padre o marido, y que para cambiar pañales no se necesitan letras.

Sí nos narraba, en cambio, que una de sus tías maternas había montado durante la guerra cristera un altar clandestino a la Virgen en un rincón escondido del jardín de la casa familiar, y no solo por devoción, sino para tomar prestadas para sus bailes las alhajas que las vecinas piadosas dejaban temporalmente en prenda de futuros favores, en los dedos de yeso.

Mis padres se casaron a principios de los años cincuenta. No sé el día porque nunca los vi festejar aniversario alguno, aunque debió de ser en primavera, pues su primogénita nació al siguiente enero, apenas pasados los diez u once meses reglamentarios a partir de la boda. Ella conservaba una foto de la ceremonia sobre su mesa de noche, una en la que nunca logré reconocer a mi padre en el hombre delgado de cuyo brazo ella colgaba con una belleza que recordaba a la de María Félix; años después, nada la haría más feliz que pasear por las calles de la Ciudad de México, acicalada como la estrella de cine, para que la gente la llamara por el nombre de la actriz y le pidiera autógrafos.

La fiesta se celebró a la luz del día, como lo imponían las misas tempranas en aras de la comunión primero y los chilaquiles después; esa costumbre de ayunar toda la noche, como la de los velos de encaje o los rebozos en las cabezas de las damas al entrar a los templos, no desapareció en Monterrey, sino hasta años después del Concilio Vaticano II, cuando el tiempo de abstinencia se recortó a dos horas y luego a una. El asunto es que, tras la boda religiosa, una cincuentena de amigos y familiares cercanos se dio cita en el amplio jardín de la casa de mis abuelos paternos, adonde estos se mudaron cuando decidieron cambiar la céntrica colonia a las faldas del Obispado por unos terrenos campestres a las orillas del pueblo viejo de San Pedro. Un pequeño corto en blanco y negro que alguna vez vi muestra a los invitados sonrientes, sentados en sillas plegables o caminando hacia las mesitas donde reposaban los canapés: ellas con discretas perlas al cuello, vestidos a media pantorrilla y el cabello prensado en ondas; ellos sosteniendo copas y fumando despreocupadamente bajo los árboles. Mi abuelo era entonces uno de los hombres más ricos de México, pero una boda así, en el San Pedro actual, sería tildada de vergonzante.

En ese jardín, años después, mis abuelos pusieron un pequeño estanque rematado por un par de sauces llorones. Sus ramas rozaban el agua formando arcos que, desobedeciendo las órdenes maternas que me prohibían remar sin supervisión, yo cruzaba una y otra vez en una pequeña canoa de fibra de vidrio, con un ejército de libélulas zumbando sobre mi cabeza. Entre las raíces de uno de esos sauces empollaban cisnes blancos, crías de un primer par traído de Estados Unidos que me fascinaba mirar a distancia desde que descubrí la furia que esos animales llevan en el pico. Al crecer la parvada, algunos migraron hacia los pastos verdes del Club Campestre Monterrey, un exclusivo campo de golf y club social que hoy presume una sana población de cisnes y de socios, no pocos de ellos descendientes de mi abuelo.

Esos sauces eran en Monterrey un elemento importado y exótico, a diferencia de los huizaches de mi tierra que, junto a un hato de fresnos, abundaban en el jardín de mi casa. Requieren poca agua y, en primavera, abren al final de sus ramas espinosas unos pompones de flores pequeñas y amarillas que ponen a estornudar a medio Nuevo León. Hasta la fecha no puedo verlos sin estremecerme un poco; una de mis primeras memorias vivas es la de la palma de mi mano recorriendo esos troncos grisáceos y rugosos, alrededor de los cuales yo giraba, corriendo, hasta desplomarme. Quisiera recordar a la vez el gozo infantil y el canto de los pájaros, pero me distraían los varazos que mi cuidadora me regalaba en cada circunnavegación. Para abrirme el apetito, decía. Mis pies, enfundados en botitas ortopédicas y calcetines de tejido, eran incapaces de desobedecer la orden de un adulto, la de la autoridad, en un mundo donde los niños, y en especial las niñas, debían ser vistas pero nunca oídas. Los aguijonazos de madera cesaron cuando una de mis hermanas me invitó a salir al jardín y me eché a llorar, descubriéndose el desaguisado entre lágrimas y gemidos y procediéndose al despido de la torturadora.

Más cerca de mis afectos crecía un canelo. Tenía un tronco grueso y ramas bajas, con hojas anchas que abanicaban transparencias verdes y un aroma suave y picante que, dicen los rancheros, provoca pesadillas a quienes duermen bajo su sombra. Nada me gustaba más que subirme a sus brazos salomónicos para perderme en ese capelo vegetal, mirando los bichos que emergían de su corteza oscura a cambio de mi silencio e inmovilidad. Una noche de tormenta lo partió un rayo. Una ráfaga azul, seguida de un estruendo seco, hizo retumbar los cristales de mi habitación. Horas después, al amanecer, corrí la cortina y lo vi, partido en tres, con el corazón humeante. Por días tuve falsas esperanzas: las hojas, en su nueva posición horizontal, conservaron por un tiempo su frescura. Porque los árboles no mueren como los humanos; ellos languidecen en pedacitos, como si se fueran quedando dormidos. Después supe que el sentimiento que me embargaba al verlo desvanecerse se llamaba nostalgia, o el dolor por el hogar ausente, uno que yo ubicaba fuera de las paredes de mi casa, entre esas añosas ramas que, a la semana o dos, desaparecieron para siempre bajo el hacha del jardinero.

Ese jardín era mi lugar de paz. Mi madre, en su eterno desprecio hacia las personas morenas, rehusaba salir al sol por miedo a que la piel se le oscureciera siquiera un poco. Las pequeñas libertades que me otorgaba su ausencia a cielo abierto se esfumaban al interior de la casa, escindida entre el mundo de los padres —o adultos— y el de los niños y la ayuda doméstica. El umbral era una puerta de vaivén con mirilla al centro que separaba dos comedores: en uno habitaban el picadillo, el peltre y la formica, las risas, la comida con las manos y las cumbias de la XEW que amenizaban la cocina anexa, mientras que en el otro dominaban el cristal, la porcelana europea, una pesada mesa Reina Ana y un mozo que, al ponerse chaquetín y guantes blancos, se transformaba en mayordomo, despachando eficientemente platos servidos por la izquierda y retirados por la derecha. Allí cenaba y a veces comía mi padre, y a su derecha mi madre, y como retoños de olivo alrededor de la mesa nosotros, o cuando menos aquellos de nosotros que, como la Sirenita del cuento, hubiéramos cumplido los 12 años, después de lo cual nos sentábamos, por edad y en orden descendente, a partir del centro de gravedad que era la silla del patriarca.

Mi tránsito al concierto de los comensales civilizados se dio de manera precoz: cuando el hermano que me precedía cumplió sus 12 yo apenas completaba mis 6, y mis padres consideraron innecesario que permaneciera sola por tanto tiempo en el anexo de la cocina. De nada sirvieron las protestas del cumpleañero, que hubiera querido verme purgar mis años reglamentarios en solitario, ni mi corta estatura, que apenas dejaba que mis ojos rebasaran la altura de la plancha de madera del comedor, como cocodrilo en estero; problema que se resolvió añadiendo un cojín sobre mi asiento al final de la gran mesa. En realidad, la excepción se dio porque a mi madre le preocupaba que yo hubiera comenzado a usar las expresiones lingüísticas del servicio, adquiridas en la constante compañía de mis nanas, madres sustitutas que bien o mal me alimentaron, entretuvieron, limpiaron, vistieron, cuidaron, a veces golpearon y, en general, criaron. Ella siempre maldecía a las mujeres trabajadoras, predicando la necesaria tutela de la madre en la casa, pero poco recuerdo su contacto físico, su presencia en la oficina de mi pediatra o en las ceremonias de mi escuela; solo recuerdo de ella sus hermosos vestidos y las joyas que usaba en reuniones y fiestas a beneficio de escuelas e internados desfavorecidos, adonde terminaban los hijos de quienes se veían en la necesidad de cedérselos a caritativas y manicuradas manos, como las suyas, para poder ir a servir, con salida apenas cada 15 días, a casas como la mía.

Luego de que la administración de la abundancia de López Portillo trajera consigo la quiebra de millones de negocios y de hogares mexicanos, incluido el mío, mi madre entró en una depresión de la cual no saldría más. La empresa, entonces manejada por uno de mis tíos y, luego de la bifurcación del Grupo Monterrey tras el atentado mortal contra Eugenio Garza Sada, rebautizada como Alfa por las afinidades clásicas de mi abuelo, se encontró, después de un arranque de crecimiento exponencial, con que a partir del 1.º de septiembre de 1982 le había brotado una deuda impagable, en unos dólares que casi de la noche a la mañana pasaron a valer más del doble. Los créditos y sociedades que habían llegado a carretadas luego de su fundación se esfumaron cuando, para sobrevivir, la otrora compañía más grande de Latinoamérica se vio en la necesidad de pedir un crédito de emergencia, de cerca de 500 millones de dólares, al Gobierno mexicano sucesor de Luis Echeverría, su mayor bestia negra.

La crisis duró poco. La reestructuración final de la deuda se celebró en 1988, con una misa solemne a la que fueron convocados todos los empleados, desde la dirección hasta la intendencia, dando por descontado que todos eran católicos practicantes. Pero el golpe al orgullo ya estaba dado:

el impostado sentimiento de excepcionalidad y la profunda arrogancia desplegada por buena parte de mi familia en esos años setenta y ochenta los hermanaban con la megalomanía de un presidente que gustaba de mostrar su hombría en cadena nacional boxeando con el torso desnudo. López Portillo vendió como segura la inminente entrada del país —y, por extensión, la de sus empresas— al concierto de las naciones ya no solo civilizadas sino prósperas, y nadie se tragó ese bulo mejor que mi madre.

El despertar fue atroz: en un par de años pasó de ser la reina de la sociedad regiomontana a convertirse en una reclusa en su propia casa. De hospedarse en los hoteles más elegantes de Europa, surtiéndose generosamente en las mejores casas de alta costura de París, acabó pernoctando en hostales de monjas mendicantes; la pobreza franciscana de esos alojamientos no era en modo alguno obligatoria, pero ella se imponía a sí misma esas austeridades, incapaz de recuperarse de una quiebra que le reventó por entero el sentimiento de superioridad construido a lo largo de muchos años de primeras filas y primeras clases.

He de decir que el cataclismo económico que tanto trastornó a una parte de mi familia a mí me pasó de noche. Rondaba los 13 o 14 años y cursaba la secundaria en Europa, en un mundo donde las cartas tardaban meses en llegar y había que esperar horas a que abriera la línea de larga distancia con la oreja pegada a un teléfono de pasta negra. Por disposición paterna, mis hermanos y yo nunca tuvimos las generosas billeteras que ostentaban mis primos, propias de otros herederos mexicanos, y la edad, la distancia y mi condición de estudiante en la tierra de la libertad, la igualdad y la fraternidad me imponían gustos más bien simples que para mí eran plenos: una salida al cine, algún libro y quizá una camiseta de vez en cuando.

Encima, la debacle financiera de la empresa me trajo un regalo inesperado: para salvaguardar la relación personal y familiar, los tíos —al menos los cuatro varones, porque la única mujer, a pesar de sus sobrados talentos, se vio relegada a la cultura, la caridad y la filantropía, como correspondía a su sexo y condición— acordaron salirse del organigrama y dejarles a los profesionales la cirugía mayor. Mi padre, al encontrarse desempleado a sus cincuenta y pocos años, decidió dedicarse de lleno a la agricultura desde su rancho manzanero cercano a Arteaga, Coahuila, en un cañón de la Sierra Madre llamado La Carbonera, a hora y media de Monterrey.

Los veranos que allí pasé, frescos, libres y coronados por otoños de manzanas crujientes, fueron enteramente felices. Mi madre detestaba el sitio e iba lo menos posible, dejándonos a mi padre, a mí y a nuestros libros el usufructo de la pequeña cabaña, a más de 3000 metros sobre el nivel del mar, con chimeneas por calentadores, sin teléfono y, antes de que llegara la luz a la región, con un pequeño generador que apenas daba batería al refrigerador, al calentador y a los dos o tres focos que cada noche organizaban un *ballet* de polillas. El aire, siempre cristalino, enmarcaba la Vía Láctea en un cielo como de tinta china, y yo pasaba los días acompañando a mi padre a los campos de papas, calabazas y zanahorias o, mejor aún, explorando el monte a mis anchas; las noches, en un silencio cansado y sereno, se veían interrumpidas apenas por el chasqueo de la leña.

Siendo yo la hija más joven y la única soltera, a veces solía acompañar a mi madre en los periplos a los que mi padre no quería o no podía ir, bajo el entendido de que una señora decente nunca viaja sola. Una posada decrépita, cuyas oscuridades olían a moho y con un único baño por piso al final del pasillo, fue nuestra morada en un viaje a Italia, adonde fuimos a visitar a uno de mis hermanos, que entonces jugaba en Florencia a ser pintor. A la mañana siguiente de nuestra llegada a Roma, a causa del *jet lag* y del frío que rodeaba la cama de hierro del cuarto, me desperté antes del amanecer y descubrí que las grandes murallas a los pies de mi ventana eran las del Vaticano. Llegué a las puertas de San Pedro cuando el conserje las abría y recorrí las salas en una soledad tan perfecta como el sol de la primera luz sobre sus vitrales. Sin nadie para impedírmelo, me recosté un buen rato en el centro del piso de la Capilla Sixtina hasta que llegó un guapo chico griego a importunarme; no acepté su invitación a vagar por la ciudad por un medroso sentido del pudor propio de mi sexo y condición de señorita sampetrina de buenas familias. Los fantasmas de tantas alegrías perdidas en vano son quizá la peor cicatriz de mis viejos herrajes.

Mientras yo me aferraba a una visión de la virtud femenina que se sentiría modesta en cualquier obra de García

Lorca, mi madre purgaba el imaginado desprestigio de ese buen nombre adquirido en su boda que, a pesar de la exitosa reestructura del negocio, la punzó por el resto de sus días, sobre todo después de la muerte de mi padre, a causa de un infarto masivo que en modo alguno fue el primero en una vida rociada por los buenos vinos, los habanos, el queso francés y los guisados mexicanos rezumantes de manteca de puerco. Ese corazón, muchas veces roto, se llevó apenas pasados los 60 años a quien siempre se había encargado de que a mi madre le llegara puntual, en un sobre de manila bien marcado, el dinero de la semana, el boleto de avión, el contrato, la reservación o cualquier otro asomo de esa enfadosa realidad por la que bregan los demás mortales.

Su partida trajo también el cese de unas veladas pero rabiosas hostilidades en una casa que, a excepción de quien esto escribe, se hallaba para entonces vacía de hijos y de esperanza. Luego de enterrarlo, mi madre tuvo una breve resurrección, permitiéndose la ocasional salida con las pocas amigas que le quedaron tras años de desplantes y desprecios, hasta que un buen día la misma demencia que se había llevado a mi abuela llegó a respirarle al cuello. Nos enteramos cuando un buen día, por falta de uso, le rebotó la tarjeta de crédito en un restaurante y no pudo recordar la fecha de su propio nacimiento, requerida para reactivar el plástico.

Cuando salí de la casa de mi infancia para casarme, a punto de cumplir los 19 años —ya mayorcita para los estándares familiares—, esa mujer deslumbrante que por décadas se aferró sin misericordia alguna a la cima de la pirámide social hacía tiempo que había desaparecido de la faz de la tierra. Lo que quedó de ella fue un espectro que se confinó a la pequeña habitación que algún día le sirvió de desayunador, donde mandó poner una cama, tapiar las ventanas y cerrar las ventilas del aire acondicionado para meterse en una vieja pijama de franela a esperar la muerte, con pesadas cobijas de lana y una gruesa capa de crema facial a modo de mortaja. La única luz del cuarto, azul e intermitente, venía de una pequeña televisión que todo el día vomitaba las telenovelas que ella consumía con fruición en su ininterrumpido declive hacia la inopia.

Cuando mi madre murió yo tenía ya un par de años de haberme ido de México. El teléfono sonó a la una de la mañana. Del otro lado estaba mi hermana mayor, avisándome del fallecimiento y notificándome que la enterrarían a las cuatro de esa misma tarde. Fue afortunado —y sospecho que calculado— que la distancia me hiciera imposible asistir, pues la misa la ofició mi hermano, legionario de Cristo, y su homilía versó sobre cómo le había llamado la atención a San Pedro la distinguida y elegante dama que acababa de llegar a sus puertas, dejándola entrar de inmediato al Paraíso no solo por haber sido una ejemplar madre cristiana, sino porque ella había sido su madre, la de él: la de todo un sacerdote. A buena parte de la concurrencia le pareció graciosísimo el detalle.

A menudo pienso en lo cómoda que hubiera sido mi vida si me hubiera ceñido a ese modelo. Con mis necesidades económicas resueltas y en la cumbre de la cadena alimenticia social, habría pasado mis años como los pasó mi madre: luciéndome en inauguraciones, galas, bodas y bautizos, teniendo por toda preocupación asuntos como la ingesta de calorías, el ajuar correcto para la ocasión y el buen estado del *manicure.* Para mi infortunio, el precio me resultó impagable. Sigo sin saber a cabalidad por qué, si a mi alrededor abundaban las defensoras rabiosas de esa particular yunta. Por décadas me acompañó el sentimiento de que algo debía de estar muy mal conmigo por no haber podido agradecer tamaña buena suerte.

Mi instrucción en esa abnegada subsidiariedad femenina comenzó temprano: la entrada al cuarto de mi madre, aduana obligatoria en el pasillo que conducía a las demás recámaras, nos recibía con un texto de Gustavo Adolfo Bécquer, fijado en un corcho anexo al quicio de la puerta:

Mi vida es un erial:
flor que toco se deshoja;
y en mi camino fatal,
alguien va sembrando el mal
para que yo lo recoja.

Al entrar, a la derecha, estaba la cama de pesada herrería, contigua a una pequeña ventana interior con celosía de encaje desde la cual ella miraba, sin ser vista, todo lo que sucedía en el área social y cuya abertura constituía la única fuente de luz de la habitación. A la izquierda se abría la puerta del baño, forrado de piso a techo con hermosos mosaicos de talavera poblana y, enseguida, sobre una chimenea falsa que albergaba un violín roto del olvidado abuelo materno, reinaba la pintura de una virgen niña: una dolorosa cubierta por un pesado manto negro y bañada en lágrimas que resbalaban por sus mejillas verdigrís. La única claridad del lienzo emanaba de un corazón central, coronado, sangrante y atravesado por una daga de plata.

En ese cuarto mi madre me daba a leer la serie llamada *Vidas ejemplares,* compuesta por hagiografías ilustradas que describían las andanzas de uno u otro santo, como las de santa Rosa de Lima, joven muchacha que, para no distraerse en frivolidades terrenas y emular siempre a Cristo coronado, se prendía con alfileres en el cuero cabelludo las flores que adornarían su tocado antes de los bailes a los que sus padres la obligaban a asistir. Cuando me rebelaba y pedía mis propios libros, mi madre me recitaba, con el dedo ensortijado enhiesto y aniquilando toda la ironía destilada cuidadosamente por Rosario Castellanos, que «mujer que sabe latín, ni tiene marido, ni tiene buen fin». Siempre le molestó que me entretuviera más con libros de geología o de historia, con juegos de química, modelos astronómicos y microscopios, que con muñecas. Hasta el final de su vida tuvo en medio de la sala una mesa de marquetería desbordada de abortos de porcelana, vestidos de encaje y listones deslavados, con ojos de cristal muerto y pelucas rizadas de seco cabello humano, que hacían las delicias del pintor Julio

Galán, frecuente visitante de la casa, pero que a mí me parecían francamente siniestras.

Muchos ataques de pánico después entendí que esas culpas e inseguridades son propias de una educación confesional rezumante de misoginia, donde las gestas de dolor y sufrimiento de impolutas vírgenes y esposas mártires se presentaban como instrumentos de salvación, como prendas de orgullo de toda mujer casta y buena. De haber sabido antes la gran patraña que fue todo eso, le habría dado a mi cuidadora una patada en la espinilla y me habría echado a correr lo más lejos posible del tronco de ese huizache. Me habría ido de pinta con el griego y me habría evitado pasar 15 largos años de miseria al lado de mi primer marido.

Por fortuna, existía una ventana hacia dimensiones más amables en el clóset de mis hermanos. Acumulando polvo en un estante, junto a los calcetines, languidecía una vieja torre de cómics del Pato Donald que yo miraba con enjundia a pesar de no saber leer. Un buen día, a fuerza de insistir, un par de letras empataron con su sonido correspondiente y luego otras más, hasta lograr, al poco tiempo, que las visitas del pato a Uxmal o a los Himalayas se revelaran en toda su onomatopéyica fantasía. De allí pasé a Mafalda, la pequeña heroína subversiva que mi madre desestimaba por animada, y luego a las páginas sin imágenes de los cuentos de Andersen, publicados en papel cebolla y letra microscópica por la maravillosa colección Aguilar, que, por su castellano puro, debía leerse acompañada de un grueso tomo de la Real Academia Española.

Una vez destetada del diccionario, mundos mejores me esperaban con solo cruzar la calle y llegar a la casa de mis abuelos, donde siempre me recibía una atmósfera dulce y entrañable. Al verme, mi abuelo gritaba «¡Tocayita!» y cuando estaba de humor, me llevaba a su cuarto de música, donde, entre las polifonías de Astor Piazzolla o las notas agridulces de la canción francesa, me montaba sobre sus rodillas para mostrarme miniaturas japonesas de marfil o dragones tibetanos de filigrana de plata. Eso era apenas un preámbulo a la cámara de las maravillas que era su biblioteca, llena de obras que mi madre prohibía y cuya pared trasera se adornaba con la osadía de una mujer sin ropa: el *Desnudo con alcatraces,* de Diego Rivera, en la primera de sus versiones, en colores cobrizos y curvas suaves, cargando las mismas flores alabastrinas que crecían en hatos al pie de los ventanales de la sala.

Los alcatraces formaban parte integral de esa casa de grandes vitrinas del arquitecto Mario Pani, donde me sentaba durante horas entre cojines de pluma de ganso, disfrutando el privilegio de que nadie me molestara, en silencio excepto por la música que se colaba del cuarto vecino, a leer primero a Verne y a Dickens y, después, a Voltaire, a Unamuno y a Carpentier, para luego importunar a mi abuelo con preguntas que él contestaba con una sonrisa socarrona hasta que se hartaba de mí. Entonces mi abuela me hacía llegar unas galletas pequeñas y delgadas, como suspiros de vainilla y azúcar, y las lágrimas de esa virgen verdosa quedaban tan lejos como podía llevarme Simbad el Marino en el pico del ave Roc.

Esa casa y esos libros me mostraron sitios físicos y emocionales que me estaban vedados, que jamás creí poder vivir en mi futuro programado de hija, esposa y madre cristiana, y me proveyeron de una educación sentimental que superaba con creces las arideces de mi vida familiar. Soy consciente del poder que la censura les confería a esas obras: uno de mis hermanos no guardaba pornografía debajo del colchón, sino una copia de *El origen de las especies.*

Poco antes de mi duodécimo cumpleaños me fui a estudiar a la Europa de mis lecturas infantiles de hadas y caballeros, mientras mi abuelo se apagaba de un cáncer en el estómago. A los tres años le siguió mi abuela. Todas sus joyas pasaron a su única hija mujer, con la excepción de un collar que usaba siempre y que, para mi enorme sorpresa, me entregaron —siguiendo sus instrucciones— al día siguiente de su partida. Con el tiempo, la casa de los alcatraces fue desfigurada por el primo que se la quedó, quien la abarató con acabados de lujo, y el cuadro de Rivera fue vendido junto con los demás tesoros. Conservo de ahí, además de una lámpara que vivía entre los sillones que solían ocupar mis abuelos, algo que nadie más quiso: algunos de esos libros que mi padre llevó a casa cuando murieron y que yo recogí de la banqueta cuando, a su vez, él murió y mi madre los mandó a tirar a la calle.

LA VIDA EN ROSA

TODO FUE UN malentendido. Era 1978 y yo dejaba mi casa para estudiar fuera de México un par de años antes de lo acostumbrado por mis hermanas mayores, porque mi madre opinaba que la descomposición de las buenas costumbres en Monterrey se había vuelto intolerable: las juventudes descocadas hacían fiestas mixtas desde la secundaria y era imperativo refugiar la castidad de mis 11 años en un internado católico, de preferencia preconciliar, donde religiosas intachables se encargarían de extender mi inocencia hasta la edad casadera.

El problema era que las escuelas regenteadas por las monjas de la infancia de mi madre —las únicas donde ella permitiría mi exilio— venían desapareciendo como nieves en primavera en la estela de la maldita revolución sexual, el movimiento feminista y la efervescencia estudiantil de los años sesenta. En Francia, sin embargo, quedaba un último reducto: Marmoutier, un convento e internado ubicado en la ciudad de Tours, nada menos que la cuna de la cristiandad europea, asiento del francés más puro del país y vieja sede arzobispal de san Gregorio, confesor de los ancestros merovingios de Carlomagno. Durante la Revolución francesa, esa escuela fue residencia de santa Magdalena Sofía Barat, la primerísima superiora de la orden. Barat, ante los estertores del *Ancien Régime,* se abocó a construir un sistema escolar donde las perversiones de la Ilustración no pudieran tocar a la impoluta infancia gala, católica y monárquica. Música para los oídos de mi madre.

Cuando llegamos al colegio nos recibieron unas religiosas cenicientas y ajadas, a quienes mi madre, enfundada en un elegante traje sastre de alta costura, saludó como si fueran reencarnaciones de sus entrañables mentoras. Yo me distraje con otras ruinas: el imponente edificio neoclásico, los añosos castaños y, al fondo, las derruidas paredes románicas de la primera abadía cristiana de Europa, bañadas por el dorado sol del otoño francés.

Todo fue miel sobre hojuelas hasta que sonó la campana y se abrieron de golpe unas pesadas puertas de roble que dieron paso a un enjambre de muchachitos de ambos sexos, ávidos de recreo. Mi madre palideció y las monjas se ruborizaron, y procedieron a confesarle que esa escuela, entre las últimas de la orden, tenía pocos años de haber sido tomada por la fuerza por el Gobierno francés, ante el empeño de las religiosas por adherirse a una educación premoderna y preconciliar. Ellas conservaban el edificio y el internado —ese sí, estrictamente para señoritas—, pero la academia le correspondía ya al Estado francés, laico, republicano y mixto.

Mi madre entornó sus lindos ojos y, ante la imposibilidad de regresarme a México luego de haber presumido mi aventura europea por todo lo alto entre la buena sociedad de Monterrey, me susurró: «No le digas nada a tu papá». Se despidió de las monjas con un entusiasmo menor que el inicial, se subió al coche que nos había transportado desde París y, sin siquiera mirarme, se fue. No volví a saber de ella hasta las vacaciones de Navidad, cuando regresé a casa; las únicas señales de vida que recibí desde México durante los tres años que pasé en Europa fueron un par de cartas de una de mis cuñadas y un paquete que llegó al mes de haber ingresado al colegio, pocos días después de mi duodécimo cumpleaños, enviado por mi madrina de bautizo, con una nota cariñosa y un borreguito de peluche que me consoló por muchas noches tristes y que aún conservo.

Ese primer día mi maleta y yo subimos por la escalera de madera crujiente los cuatro pisos hasta el cuarto asignado, uno de los cerca de treinta cubículos de tablarroca sin techo, con cortina al frente por toda puerta, que separaban los camastros de las internas en lo que algún día debió de haber sido un gran salón y que entonces, como única decoración, mostraba en las esquinas guirnaldas de humedad. Mi cubículo, en una generosa concesión a mi madre, contaba con un pequeño radiador de agua y el lujo de una de las únicas dos ventanas del galerón, enmarcada por gárgolas de cantera vestidas de musgo y, lo mejor de todo, con una estupenda vista al río Loira. El espacio medía poco más de 2 m^2 y contenía un tubo para colgar ropa con un par de cajones debajo, un pequeño lavabo con agua fría y el catre. Las dos regaderas asignadas a ese piso, que cada interna podía utilizar solo una vez a la semana, se encontraban en un anexo; el resto de los días había que arreglárselas a jicarazos. La comida se componía de sopas translúcidas que dejaban ver, al fondo de cada enorme olla de aluminio industrial, una flácida zanahoria acompañada de un par de cuadros de papa, trocitos de carne o de jamón y algunos solitarios chícharos. El pan con el que nos llenábamos era, ese sí, abundante, ofrenda de las panaderías locales, aunque siempre de días anteriores y con la mantequilla corriendo por cuenta nuestra.

Pronto esta mexicana comenzó a ser invitada, a modo de prenda exótica, a pasar los fines de semana en una y otra casa. Me acomodé con soltura alrededor de muchas bien pertrechadas mesas gracias a mi provincialismo y, aunque mi madre les hizo prometer a las monjas que solo me permitirían ir a donde no hubiera hijos varones, ignoré la instrucción de inmediato. Tres familias sustitutas me adoptaron con una ternura para mí hasta entonces desconocida: la del paterfamilias notario, viudo y pequeñoburgués, a quien mi desenfado desagradaba tanto como encantaba a sus hijos; la del vinatero que habitaba un huerto centenario a las faldas de un caserón señorial, siempre perfumado de petricor, con una chimenea donde podría asarse un becerro entero y al pie de la cual montaba guardia un perro schnauzer con la panza pelada por la obesidad; y, por último, la de unos abogados que vivían en una casa moderna, blanca y luminosa, en medio de un bosque a las afueras de la ciudad, cuya hija me enseñó el cariño de una amistad sincera.

La madre del vinatero, enfundada en sastres Chanel y con pretensiones aristocráticas, se sorprendía de que me ofreciera a ayudarla a hacer el pan del domingo a partir de las cinco o seis de la mañana; no entendía lo asombroso que me resultaba a mí que ella, la señora de la casa, usara sus propias manos para preparar el desayuno sin ayuda del servicio, y que disfrutara, entre una y otra pausa de levadura, de sus historias de la posguerra en esa cocina señorial donde nunca faltaba el chocolate caliente. Una buena noche la madre de los abogados, regresando de una juerga, entró a la habitación que reservaba a mis frecuentes visitas para acomodarme la cobija y rematarme la frente con un ligero beso de vino tinto y dulces sueños, como el que minutos antes les había plantado a sus hijas, creyéndonos a todas dormidas. Supongo que a ella el gesto no le significó gran cosa, pero a mí, cuarenta y tantos años después, el recuerdo de esa mínima muestra de inusual cariño hogareño me sigue calentando el alma.

Las primeras noches en el internado, una vez apagada la luz, las pasaba sollozando debajo de las almohadas, tratando de no hacer ruido entre las paredes de papel que separaban un camastro del otro. Tenía 11 años, poco entendía el idioma y nunca antes había vivido tan lejos de todos mis referentes conocidos; por otro lado, me fascinaba estar allí, en esa mítica tierra de princesas, magos y caballeros de los libros de mi abuelo, donde el sol no quemaba los ojos y donde pronto descubrí que las incontables restricciones propias de un internado de monjas en bancarrota palidecían ante una libertad aligerada de los yugos de mi crianza. Buscando lo que ella soñaba como el refinamiento de la corte de María Antonieta, mi madre me fue a entregar a la Quinta República: una donde el maestro de Matemáticas, irredento trotskista, me abrazó cuando supo que venía de México, y la maestra de Biología, portando un medallón con la efigie de Simone de Beauvoir al pecho, nos declamó en la primera semana que *la règle, c'est le pleurs de l'utérus déçu.*[2] Era la primera vez en mi vida que escuchaba a un adulto hablar de sexo así, sin susurros ni connotaciones culposas o amenazantes. El contraste con mi escuela regiomontana, regenteada por los Legionarios de Cristo, donde las ilustraciones de los desnudos de Rubens o de Botticelli languidecían en la biblioteca entintadas bajo siete capas de marcador, fue brutal.

En Francia encontré, justo antes de la adolescencia, una dimensión donde pude darme permiso de vivir el gozo y de disfrutar en primera persona el placer, que en cualquiera de sus formas revestía una naturalidad para mí desconocida. El cambio me aterraba y me fascinaba a la vez; la sensación vertiginosa de estar frente a puertas prohibidas que, de franquearse, impedirían el regreso al estado original —como cuando Adán y Eva comieron del árbol del conocimiento— me persiguió durante décadas. Sabiendo ya lo que hay del otro lado, lo que más lamento es haber tardado tanto en morder

---

[2] La regla es el llanto del útero decepcionado. *[N. de la e.].*

esos frutos, en deshacerme de la parálisis que acompañó toda mi infancia y juventud como grillete y acicate, con el perpetuo temor de merecer un par de letras escarlatas reservadas en mi entorno para las mujeres difíciles o de dudosa reputación: las que se divorciaban, las que elegían vivir fuera de la égida estrictamente doméstica o las que ostentaban en público opiniones independientes de las de los varoncitos que debían tutelarlas. Para las clases doradas de San Pedro, los códigos reservados al género femenino revisten una rigidez diamantina, como los anillos que las señoritas de buenas familias ansían portar en el anular izquierdo desde la más tierna infancia.

Esa educación comienza con el contraste entre cómo se espera que se comporten las madres, esposas e hijas regiomontanas y cómo deben verse: allí una mujer cabal es ingenua, casta y pura hasta el infantilismo, pero lleva sus rebosantes senos de silicón enmarcados por telas ceñidas y un escote de infarto, siempre con una medalla de la Virgen de Guadalupe al centro o, en su defecto, una pequeña cruz de diamantes, como Jesús entre los dos ladrones. La tierra que me vio nacer es, en México, una de las capitales de las cirugías plásticas, particularmente de los implantes de seno, porque hasta las niñas más pequeñas saben que con ellos podrán conseguir más fácilmente quién las provea por el resto de sus vidas. Si no se tiene un padre acomodado, vestirse, maquillarse y asumirse como una muy cristiana muñeca inflable resulta indispensable para hacer un matrimonio ventajoso.

De esto escapé, cuando menos temporalmente, al salir de Monterrey a punto de cumplir los 12 años. Por instrucción de mi madre, al terminar las tareas propiamente escolares, durante mi primer año en el internado, llegaban todos los días los hábitos a buscarme, dondequiera que estuviera, para llevarme a la capilla de la escuela, pequeña, mohosa y gótica, a rezar con ellas el rosario. El demonio está en todas partes, me decían, más amenazadas que amenazantes y oliendo a una amargura mal perfumada de anís. Sobrellevé la insensatez hasta que adquirí el suficiente francés como para mandar a volar todo catecismo. Cuando se dieron por vencidas, me fui dejando llenar, sin culpas, de la belleza del país: de las plazas que huelen a café alrededor de las grandes catedrales, de la luz oblicua y dorada como la costra de un buen pan y de las casas de pizarra azul cubiertas de enredadera. Me llené también de amistades profundas, de conversaciones retadoras, de decisiones lamentables y de una incipiente autonomía a la que no he renunciado desde entonces.

El último día, el de mi regreso, todos los compañeros me dibujaron sus adioses sobre una bata color azul cielo que usábamos, abotonada sobre la ropa, a modo de uniforme. Ya en Monterrey la colgué en el clóset como mi más grande tesoro. A los pocos días, nostálgica, la busqué. Estaba en su lugar, pero hecha cadáver: mi madre había dado la orden de lavarla, borrando a golpe de jabón Zote todo recuerdo visible de mis primeros amigos verdaderos.

Luego de dos años en Tours me fui a terminar el último año de secundaria a Alemania. En ese país no quedaba ya rastro alguno de la orden del Sagrado Corazón, pero mi padre era entonces consejero de una empresa teutona donde conoció a un personaje millonario, varias veces divorciado, con una novia jovencita y hermosa que paseaba por los mejores eventos sociales de Europa. El *gentleman* de marras les recomendó a mis padres un par de escuelas católicas de alcurnia; conociéndolo, mi madre insistió en visitarlas personalmente para asegurarse de su probidad. A ella la enamoró una en Austria, ubicada a pocos kilómetros de la frontera con Alemania, aunque a una distancia efectiva de cerca de doscientos años: las niñas portaban, a modo de uniforme, unos vestidos de gruesa tela gris con delantales de manta, pañoletas sobre la cabeza y burdos zapatos negros, como de labrador. Cuando entramos las vi de rodillas, fregando el piso de piedra, y al pasar la madre superiora a recibirnos se levantaron de prisa para hacerle una profunda reverencia que ella apenas miró. Para decepción de mi madre, insistí en largarme de allí lo más pronto posible para quedarme en lo que fue la primera escuela digna de tal nombre en mi corta vida. También fue la última hasta que, luego de cursar la preparatoria con los Legionarios, la carrera en la Universidad de Monterrey y una maestría inconclusa en el Tecnológico, llegué a la Universidad de Columbia a llenar mis oceánicas carencias académicas.

Se llamaba Liebfrauenschule, o escuela de Nuestra Querida Señora, y la regentaban unas monjas franciscanas bajo la tutela del influyente obispo de la diócesis vecina, la de Freiburg-München, que en ese entonces encabezaba —antes de ser nombrado prefecto para la Doctrina de la Fe— un tal Joseph Aloisius Ratzinger, más tarde conocido como Benedicto XVI. Que nadie se llame a engaño: ese Ratzinger de principios de los años ochenta era un prometedor reformista que abrazaba el mejor ecumenismo europeo, y las franciscanas tenían de humildes solo el hábito café. A mi madre le gustó la escuela porque estaba calificada como una de las mejores de Alemania, por su amplísimo catálogo de apellidos tan nobles como impronunciables y porque el pueblo, Sigmaringen, había sido sede de la casa real de los Hohenzollern, con todo y un castillo medieval al pie de un joven Danubio que lo probaba. El sitio era, además, vecino de un par de bases militares de los Estados Unidos, y sus soldados abarrotaban las calles y los cafés del pueblo cada fin de semana. Pero eso nadie de mi familia lo supo.

En la primera visita las religiosas me recibieron con suspicacia. No pocas mexicanas descendientes de alemanes habían pasado por sus aulas y la experiencia no había sido grata para ninguna de las partes; sin excepción, las paisanas no pudieron con la carga académica ni con la disciplina del colegio y las regresaron al trópico antes de Navidad. Ante la recomendación del amigo de mi padre consintieron en que me quedara, pero solo por un periodo de prueba de treinta días. Sus temores resultaron infundados; por más feliz que fue mi periplo francés, entre la Liebfrauenschule y yo hubo amor a primera vista. En esas aulas no existía tema tabú: la oferta intelectual era tan ancha como solvente; la biblioteca, los laboratorios y los cuartos de música eran de nivel universitario, y las interacciones con nuestros estupendos maestros se daban siempre en un marco de civilidad, curiosidad e inteligencia. Si Francia me introdujo al mejor humanismo de la vieja Europa, regalándome el amor por la experiencia, la lengua y la estética, Alemania me enseñó el pensamiento crítico y la templanza cristalina de la razón.

A diferencia del catolicismo latino, pletórico de chantajes, mensajes oblicuos, lágrimas, dramas y desgarros, esas monjas veneraban en el altar a la muy alemana responsabilidad personal. No había tonos rencorosos ni recuentos dramáticos de los peligros que nos depararían nuestras faltas y pecados; había diálogo franco y exploración cabal de lo que ellas llamaban siempre consecuencias, nunca premios o castigos, que sin excepciones ni asegunes dependían de la letra de la ley y no de las filias o fobias de las tutoras. El tiempo que pasé en Alemania me enseñó las virtudes de la vida bajo un Estado de derecho y me trajo una paz emocional que no volví a recuperar hasta que, décadas después, me separé de mi familia y me fui de Monterrey.

Cuando terminó el año escolar, las franciscanas me invitaron a quedarme para terminar la preparatoria. Mi madre, para mi sorpresa, aceptó. Pero yo añoraba regresar a lo que, luego de años de dormitorios y comedores institucionales, imaginaba como mi casa, mi familia y mis amigas de la infancia, con quienes seguía en contacto a pesar de haber regresado a México solo dos veces al año, en las vacaciones de verano y por Navidad. Hay que decir que el Monterrey imaginado por su clase alta actúa en sus hijos como un agujero negro que succiona de regreso a todos aquellos que osan alejarse por momentos de las faldas de la Sierra Madre; quienes salen a estudiar alguna carrera o maestría, o los nativos que al viajar se casan con algún extranjero, saben —aunque no necesariamente de manera consciente— que su aventura es, por fuerza, transitoria. Vuelven porque no saben operar una vida por su cuenta, porque no pueden permitir que sus hijos crezcan lejos, en una individualidad que disfrutan de manera temporal pero que a la larga les resulta atemorizante. Los miembros de la clase alta de San Pedro visten como uniforme una camisa de fuerza social que los obliga a relacionarse solo con personas de quienes la comunidad entera conoce, al menos en apariencia, la vida y obra de padres y abuelos, y con quienes conviven casi exclusivamente de la cuna a la tumba.

Para replicar esa jaula de oro de generación en generación, existen academias de baile o de música para las niñas y equipos de futbol para los varoncitos, además de salones de belleza, estudios de yoga y ciertos clubes sociales por todos codiciados, donde la juventud dorada se relaciona sin ser molestada por las influencias perniciosas de colonias menos afortunadas. Así, las personas con quienes uno cursa la primaria y luego la secundaria serán las mismas con quienes se irá a los bailes y cenas de juventud, entre quienes se escogerá pareja y con quienes luego se celebrarán las piñatas y las primeras comuniones de los hijos, sus bodas y, al final, los funerales. Todo negocio, empleo o amistad —por más entrañable que sea— que se fragüe en alguna estancia en el extranjero no puede significar nada duradero por estar fuera de la geografía elegida por una comunidad construida solo para verse reflejada en los ojos de sus pares; una donde las necesidades o expresiones individuales son aceptables solamente cuando no sacuden el yugo colectivo.

A mis 14 otoños intuía ya que, si me quedaba fuera un año más, la ruptura sería permanente. Y eso me aterraba. Porque lo que más quería era volver a sentirme parte de algo, quizá de un nido imaginario donde ya no sería alguien ajeno; en la Europa de fines de los años setenta mi tenue exotismo despertaba más admiración o curiosidad que rechazo, pero, a pesar de la cálida hospitalidad que siempre encontré en mis pequeñas patrias adoptivas, se marcaba entre mi persona y los demás una clara frontera que, inocentemente, en aquellos años atribuía al pasaporte. Quise regresar a Monterrey porque añoraba pertenecer y reconocerme entre personas y lugares que creía míos. Es imposible saber qué habría pasado si entonces hubiera tenido el valor de romper el lazo umbilical que me ataba a mi ciudad. Lo que tampoco podía saber era que habían bastado esos tres cortos años de beber la cicuta de la otredad para que la vida que dejé al irme de casa no volviera a serme posible, para que, desde entonces, estuviera o no en mi tierra, nunca dejara de sentirme extranjera.

LA PRIMAVERA REGIOMONTANA

Regresé a Monterrey en 1979, cuando Alfonso Martínez Domínguez asumió la gubernatura de Nuevo León: la tierra que lo vio nacer en 1922 le fue servida por el presidente López Portillo gracias a su ejemplar comportamiento institucional, como premio de consolación tras la congeladora a la que lo enviaron luego de dejarse ayuntar la responsabilidad de las muertes del Jueves de Corpus de 1971. Siete años después, en los albores de su campaña por la gubernatura, Martínez Domínguez le afirmaría a Heberto Castillo que Echeverría mismo había orquestado todo: «La matanza del Jueves de Corpus fue preparada por Luis Echeverría para matar dos pájaros de un tiro: escarmentó a quienes —decía él— querían provocar al Gobierno al inicio de su mandato y se deshizo de mí. Yo tenía pasado y fuerza política. Le hacía sombra [...]. Pidió quemar a los muertos, que nada quedara, que no hubiera fotografías».

El exsecretario de su gobierno en Nuevo León, Graciano Bortoni, alguna vez dijo que la garantía de vida del norteño durante el sexenio de Echeverría fue una cinta guardada en una caja de seguridad en algún lugar de Estados Unidos, donde podía escucharse al futuro presidente planeando la masacre. Lo mismo diría, por escrito y en el verano de 2002, al ser acusado de genocidio y homicidio por la Fiscalía Especial para Movimientos Sociales y Políticos del Pasado, creada por el gobierno de Vicente Fox. Llevaba tiempo entrando y saliendo del hospital San José, donde lo tenía atado la arterioesclerosis múltiple. Moriría la primera semana de noviembre de ese mismo año.

Cabeza del PRI bajo Díaz Ordaz y serio contendiente presidencial, el regiomontano y fumador empedernido era regente de la Ciudad de México antes de acabar sirviéndole a Echeverría como perfecto chivo expiatorio, así como en la noche de Tlatelolco lo fue su tocayo y mentor, Alfonso Corona del Rosal. Pero su historia comienza muchos años antes, el 7 de enero de 1922, cuando nació el primogénito de cuatro hijos: Guillermo, Guadalupe y Teresa. Su madre fue Margarita Rafaela Domínguez y su padre, el doctor Alfonso Martínez, fallecido cuando él tenía 7 años.

Los abuelos paternos, Alfonso y Refugio, se hicieron cargo de los niños cuando —cuentan las malas lenguas— su madre los abandonó en el andén de una estación de tren, partiendo con rumbo desconocido para encontrarse con algún supuesto amante. Fueron inscritos en el Franco Mexicano, colegio privado de los hermanos Maristas y uno de los más reconocidos en el Monterrey de entonces, pero el gusto duró poco: cuando murieron súbitamente sus cuidadores, los tíos paternos procedieron a internar a los hermanos en el hospicio Manuel Gorostiza de la Ciudad de México. Martínez Domínguez no les pudo poner lápidas a las tumbas de sus abuelos sino hasta años después, cuando sus tíos, intimidados por su creciente ascendencia política, le devolvieron 10 000 pesos que habían quedado de su esquilmada herencia.

Lo primero que hizo el niño Alfonso al llegar a la Ciudad de México fue escapar del asilo para vivir en las calles, donde se habría quedado de no ser por su abuela materna, Rafaela, la única que lo buscó para llevárselo de vuelta a Monterrey a vivir con ella. De regreso al norte trabajó de bolero, de correveidile, de cualquier cosa que pudiera hacer por unos pesos, hasta que reunió el dinero suficiente para sacar a sus hermanos del orfelinato. Viéndolos a salvo y al cuidado de Rafaela, y con 15 años a cuestas, Martínez Domínguez regresó a una capital donde creyó poder conseguir más fácilmente los recursos para que su familia viviera sin hambre.

Comenzó empacando en La Merced y, al poco rato, se hizo elevadorista e intendente en el Departamento del Distrito Federal, entonces a cargo de Cosme Hinojosa. Las secretarias le enseñaron taquigrafía y mecanografía, pero lo importante lo aprendió por su cuenta; a los 21 años ya era oficial mayor y secretario general del Sindicato de Trabajadores del Distrito Federal. Fue entonces cuando Miguel Alemán le regaló, como se usaba entonces, un puesto de diputado federal.

Casado en al menos tres ocasiones y con más de una decena de hijos reconocidos, ya en la gubernatura se ganó el favor de la buena sociedad regiomontana luego del desastroso periodo de Pedro Zorrilla (1973-1979). Con una dura mano derecha y una zurda que abría generosamente para los necesitados y los leales, terminó pronto con quienes le estorbaban a ese orden y progreso tan estimados en la ciudad norteña: bajo un estricto régimen de «pan y palo» sometió a sindicalistas, posesionarios, líderes campesinos y estudiantiles, dándoles carta blanca a la inversión y a la construcción de infraestructura, en un gobierno que recordaba en mucho al de Bernardo Reyes.

Como las víboras de cascabel, prefería avisar antes de morder: a días de asumir su mandato envió al ejército a realizar prácticas lo más cerca posible de las colonias populares donde se conocía una fuerte efervescencia social: Tierra y Libertad, Mártires de San Cosme, Mártires de Tlatelolco, Revolución Proletaria, Francisco Villa y otras. Quienes no daban el mensaje por recibido pagaban las consecuencias; Alberto Anaya, del movimiento Tierra y Libertad —su trinchera política antes de fundar el PT para dividir a la izquierda mexicana, apadrinado por los Salinas de Gortari— pasó buena parte de esa gubernatura escondido o en la cárcel.

Martínez Domínguez inauguró así un periodo de prosperidad que, a la sombra de su historia personal, puso énfasis en la educación, la ayuda a los desposeídos, los niños huérfanos y las madres solteras; presumía haber recibido las arcas del estado con 5 000 millones de pesos para entregarlas con

50 000 millones. El espejismo terminó con el sexenio: en el verano de 1985 la magna obra de don Halconso, la Macroplaza, fue ahogada en gases lacrimógenos mientras sus gorilas repartían macanazos entre los seguidores de Fernando Canales, candidato perdedor a sucederlo en el palacio de cantera y quien, la noche del 2 de agosto, se había apostado allí —luego de una marcha ciudadana— a protestar la elección que Martínez organizó para que las urnas favorecieran a su compañero del tricolor, el grisáceo tecnócrata Jorge Treviño.

Eran alrededor de las 10 de la noche del cuarto y último mitin convocado por Canales y por el PAN. Los porros salieron de repente, sin uniforme ni distintivo, como ratas de las alcantarillas. Al dar los primeros trancazos se les unieron los granaderos, hasta entonces inmóviles a las puertas del palacio. Al caer los primeros descalabrados, Canales, junto a buena parte de la plana mayor del albiazul —tras haber pasado la tarde gritando encendidas consignas contra la dictadura—, se esfumó del templete para no aparecer más. Quienes nos quedamos, esquivando a los gorilas por las calles oscuras del centro de la ciudad, entendimos a cabalidad el apodo puesto al gobernador una década antes.

Un par de meses antes otra sangre había manchado ya la insigne plaza de Martínez Domínguez. Su hija Martha se había casado en la primavera de ese 1985 con Carlos Delgado, hijo de mi tío Jesús Delgado Garza y nieto de Isaac Garza por parte de madre. Jesús padeció durante muchos años una depresión con tendencias suicidas, que consumó justo el día de la boda de su hijo, a la que no fue invitado por su conducta errática y a veces violenta. Muy tarde esa noche, condujo su coche a toda velocidad hacia el centro de la Macroplaza, a los pies del Palacio de Gobierno donde despachaba su flamante consuegro; luego de brincar el cordón de la banqueta, se estrelló contra una de las fuentes centrales. Por la hora, el sitio estaba vacío cuando, luego de salir maltrecho del coche, trastabilló hacia las puertas del palacio y se dio un tiro en la sien.

La mano de hierro de don Alfonso no era en modo alguno excepcional en el México de mediados de los años ochenta, cuando el partido tricolor tenía en la bolsa al Poder Judicial y al Legislativo, controlaba las elecciones y usaba los recursos del Estado para perpetuarse sobre la anémica voluntad ciudadana, castigando desde el poder a quienes consideraba sus críticos, siempre entendidos como enemigos. Era común que, al paso de las elecciones, a las colonias populares de Monterrey que ocasionalmente le escatimaban votos al partido oficial se les cortara la luz o el agua —por meses o años— sin que nadie pudiera hacer nada por evitarlo. Apenas algunos alcaldes, de poblaciones menores y muy dispersos, pertenecían a la oposición, y la libre expresión era una apuesta cara: la prensa se dividía entre panegiristas a sueldo, perseguidos políticos y obituarios.

El primer gobernador no priista de la historia contemporánea de México fue Ernesto Ruffo Appel, quien llegaría a gobernar Baja California en 1989, pero solo gracias a una negociación —«concertación», le llamaron los avispados— hecha con el partido tricolor luego del fraude operado por Manuel Bartlett en 1988 contra el puntero, Cuauhtémoc Cárdenas, a cambio de guardar silencio y de dejar morir solo al michoacano y, con él, a la incipiente democracia mexicana. El cordero pascual de ese arreglo, que envenenaría el alma del PAN hasta la fecha, y el tercer lugar en los conteos oficiales, fue Manuel J. Clouthier.

Maquío, contrariando a los medrosos panistas de entonces, creía firmemente en ejercer la oposición desde el poder, no desde el púlpito. Por algo sus primeros acercamientos políticos, en una candidatura fallida al ayuntamiento de su natal Culiacán, fueron con el PRI. No se afilió formalmente al PAN sino hasta el 16 de noviembre de 1984. Al ganar la candidatura presidencial albiazul, contra los deseos del entonces dirigente nacional, Pablo Emilio Madero, dijo así:

> Yo soy un hombre de combate. Siento que nunca como ahora la situación es propicia para efectuar los cambios que queremos [...]. Nuestros compatriotas deberán, conjuntamente con nosotros, enseñarse a resistir y a desobedecer a los que en el abuso en el poder pretendan seguirlos oprimiendo [...]. La resistencia activa, pero no violenta, a la que vamos a invitar no pretenderá destruir a nuestros enemigos, sino hacerlos entender que la sociedad mexicana ya no admitirá más abusos.

El empresariado regiomontano, siempre conservador y, desde los años ochenta, adverso a la confrontación con la autoridad, experimentó con Maquío —empresario y candidato— una disyuntiva difícil: de un lado quedaron quienes se alinearon abierta o encubiertamente con el partido y con sus seguridades fiscales y financieras; del otro, quienes decidieron que, con todas las de perder, era tiempo de pelear por la embrionaria democracia mexicana. Para zozobra de su familia, mi padre se decantó por lo segundo. En su momento se pronunció abiertamente por Fernando Canales, gesto inusual entre los industriales norteños, cuyos integrantes albergaban simpatías panistas siempre cercanas a sus valores conservadores, pero que rara vez eran mayores a las que sostenían por sus cuentas bancarias, que, era sabido, sufrirían si ese apoyo dejaba de ser meramente nominal.

Apostarle a Maquío implicaba una definición más riesgosa. Clouthier nunca estuvo dispuesto a jugar al candidato virgen y mártir bajo las conocidas reglas de dados cargados. A Salinas le llamaba abierta y públicamente el Rata de dos patas y, en una protesta frente a Bellas Artes, le lanzó sus más de cien kilos a Miguel de la Madrid, cuyo equipo de seguridad intentó infructuosamente detener su camino; los soldados del Estado Mayor Presidencial le cortaron cartucho, pero lo único que lograron fue que perdiera un zapato entre los empujones.

Mi padre y Clouthier se conocieron en sus juventudes, en el Tecnológico de Monterrey primero y luego en las cámaras empresariales, desde donde Maquío encabezaba una feroz oposición a las políticas de Luis Echeverría. Papá fue tutor de sus hijos cuando llegaron de Culiacán, uno a uno, a estudiar al Tec, y parte de la estrategia electoral del sinaloense se planeó en el aislamiento del rancho manzanero que mi padre tenía a un par de horas de Monterrey, en la sierra de Arteaga, en cónclaves donde se consumían ríos de mezcal y botana a pasto, terminando con los panes de dulce que les horneaba esta mosca en la pared.

Consumado el fraude, la dirigencia del PAN, encabezada por Luis H. Álvarez, negoció con el PRI aceptar —o cuando menos no impugnar— el triunfo de Salinas de Gortari a cambio de prebendas varias, entre las cuales figuraba la gubernatura de Ruffo Appel. El indigno silencio al que se obligó la cúpula albiazul dejó solos tanto a Cárdenas como a Clouthier. Abandonado por su partido, el excandidato que arengaba que «No se trata de cambiar de amo, sino de dejar de ser perros» se dedicó a recorrer el país por su cuenta, promoviendo acciones de resistencia pacífica y ganándose a pulso el mote que entonces les endilgó Fidel Velázquez a los opositores insumisos: los Bárbaros del Norte.

El 1.º de octubre de 1989, yendo del entonces D. F. a cerrar la campaña de Humberto Rice por la alcaldía de Mazatlán, fue embestido en una curva de la carretera México-Nogales, cerca de la Cruz de Elota, por un camión que sacó su auto de la carretera, causándole la muerte a él y a su acompañante, el legislador Javier Calvo Manrique. Tenía 55 años. La familia omitió la autopsia; limpiaron el sitio del accidente antes del amanecer siguiente; el PAN se acogió mansamente a la versión oficial, y del chofer del camión no volvió a saberse nada.

De ese periplo a mi padre le quedaron amenazas, veladas y no tanto, desde la oficialidad, que incluyeron ruegos del resto de la familia para que dejara el asunto por la paz, y las frecuentes visitas del entonces senador priista por Nuevo León, Alberto Santos, para tratar de torcerle el brazo. No era descabellado pensar que el Gobierno no solo iría tras él, sino tras los negocios familiares, vulnerables bajo el estatismo reinante que, según fuera necesario, otorgaba o cancelaba auditorías y permisos de importación, de exportación, de construcción y de todo lo demás. En el México de entonces, cerrado al crédito, a los mercados y a los recursos del exterior, con una economía dependiente del gobierno, la hostilidad de la presidencia podía debilitar o arruinar a cualquier persona o empresa que se le opusiera, en particular si esta acababa de ser rescatada de la bancarrota.

Otro norteño que conoció de primera mano los alcances del autoritarismo priista fue Rogelio Sada Zambrano, miembro importante de la campaña de Maquío y, después, encargado de economía del gabinete alternativo que este armó para darle seguimiento al gobierno del fraude. Rogelio fue despedido como director general de la vidriera Vitro por su activismo incómodo, aunque la versión oficial citó como causa que el ejecutivo se rehusara a limitar sus actividades políticas a tiempos fuera del horario de trabajo; como Sada ocupaba el puesto máximo en el escalafón de la empresa, el voto del consejo de administración debía ser unánime. El único que se negó a aceptar el golpe fue mi padre, a quien debieron eliminar del consejo para que los restantes pudieran votar en hato. No sería la primera vez: también lo removieron del consejo del Tecnológico cuando objetó condiciones de admisión que favorecían a los inscritos en la preparatoria del Tec sobre mejores aspirantes de otras escuelas, condiciones que, por cierto, prevalecen a la fecha.

Nadie puede acusar al tricolor de ingratitud: en 1992, durante la ola de privatizaciones del sexenio de Carlos Salinas, a la familia Sada González, dueña de Vitro, le fue vendido el Banco Serfín, el otrora tercero más grande de México. El banco regresó a su familia fundadora aunque solo para expirar. Serfín había nacido en 1970 de la fusión de Financiera Aceptaciones y el Banco de Londres y México, y pasó a formar parte del portafolio de Valores Industriales, la empresa consolidada por Roberto y Eugenio Garza Sada en 1936, a pocos años de morir don Isaac, como una de las primeras sociedades controladoras —o tenedoras de acciones— armadas en México por el joven abogado Manuel Gómez Morín.

La nueva iteración familiar no fue tan afortunada como la original, inmortalizada por los magníficos comerciales del águila «venga a verme», en el vozarrón de oro de Víctor Alcocer, famoso por prestarle su garganta también al oficial Matute de *Don Gato y su pandilla*, a César Romero —el Guasón de la serie *Batman* de los años sesenta— y a Urko, del *Planeta de los simios*. Comandado por sus nuevos viejos dueños, Serfín operó a trompicones hasta el año 2000, cuando fue vendido a Banco Santander, que conservó la marca hasta su disolución definitiva en 2004.

He de decir que, en 1991, cuando murió mi padre, uno de sus homenajes más hermosos fue una pequeña elegía de su carácter y su vida que nos regaló Vitro. El incidente de los ochenta, sin embargo, no fue mencionado.

LA IMPORTANCIA DE LLAMARSE GARZA

El flamante consejo del Tecnológico de Monterrey, fundado en 1943, invitó apenas cuatro años después de arrancar sus labores al padre Severiano Soto, de la Compañía de Jesús, a presidir la capellanía de la joven universidad. Para nadie fue sorpresa: décadas antes, en los albores del siglo xx, mi abuelo y sus hermanos habían sido enviados de Monterrey a Saltillo, Coahuila, para cursar la escuela media con los jesuitas en el Colegio de San Juan.

Todo marchó bien hasta los años sesenta, cuando, bajo la dirección de Pedro Arrupe, la orden se decantó de manera cada vez más abierta por una teología de la liberación que plantó firmemente sus cimientos en la II Conferencia General del Episcopado Latinoamericano, celebrada en Medellín en el otoño de 1968. Ese mismo año Arrupe envió, de común acuerdo con todos sus provinciales, la que sería conocida como la Carta de Río, por haber sido escrita en esa ciudad brasileña. En ella, el superior pedía reorientar a una orden que desde su fundación se había dedicado a la educación de las clases acomodadas:

> hacia la masa innumerable y creciente de los abandonados [...]. Estamos persuadidos de que la Compañía de Jesús en América Latina necesita tomar una clara posición de defensa de la justicia social a favor de los que carecen de los instrumentos fundamentales de la educación, sin los cuales el desarrollo es imposible. En consecuencia, debemos trabajar vigorosamente para ofrecer las oportunidades educativas que permitan a los marginados, por medio de su igual acceso a la cultura, aportar a la vida nacional el valor de su talento.

Entre los firmantes del documento final del encuentro en Medellín estuvieron los padres Salvador Rábago y Javier de Obeso, quienes llamaron a Cristo «el primer comunista del mundo». Ellos dos, Hermann von Bertrab y otros sacerdotes y seminaristas jesuitas formaban parte de una larga lista de miembros de la Compañía entonces presentes en el Tecnológico, algunos como maestros y otros como estudiantes becados. El epicentro de su prédica era la casa de los estudiantes foráneos, en el marco de la OCU (Obra Cultural Universitaria), organización nacida en el verano de 1963 y auspiciada por el Tec y por el empresariado regiomontano para matizar bajo el manto católico las nuevas ideas sociales propias de los años sesenta. Su patronato, fundado en 1962, lo encabezaban Armando García, de Cementos Mexicanos, y Rafael Fernández Ruiloba, del Centro Bancario de Monterrey. La OCU hermanaba a colectivos como la Corporación de Estudiantes Mexicanos y la Unión Femenina de Estudiantes Católicos, y la casa donde se asentaba —espaciosa, con biblioteca, salones y, por supuesto, capilla— se ubicaba en el número 906 de la calle Porfirio Barba, en la colonia Anáhuac. Allí Rábago y De Obeso organizaban cafés de estudiantes para leer y discutir a autores como Marx o Leonardo Boff, inaceptables en los currículos oficiales del Tecnológico.

La censura institucional, que abarcaba a la ciudad entera, nacía de un miedo paralizante de los patriarcas a las ideas agrupadas sin distingos bajo el alarmante mote de «izquierdistas» y «comunistas», que alcanzaba niveles tan obtusos como absurdos. El periódico *El Norte*, semilla del Grupo Reforma, publicó en su edición del 3 de marzo de 1969 un cartón donde se ve a una malvada cigüeña comunista robándose a un niño que sería llevado a Cuba para hacerlo ateo, y entre las historias de terror que se contaban a la infancia regia estaba la de los «rojos» que secuestraban bebés, arrancándolos por la fuerza de los brazos de sus madres para hacerlos guerrilleros. Cada tanto algún adulto nos advertía que, de llegar al poder, «los comunistas» nos quitarían nuestras casas y nuestros juguetes para entregarlos a la «chusma».

Es sabido que una parte importante de los grupos guerrilleros mexicanos tuvo inspiración cristiana. Lo que se recuerda menos es el papel central, aunque involuntario, que jugó el Tec en la formación de esos cuadros, uno de tantos hechos higienizados o, lisa y llanamente, eliminados de la historia oficial de mi ciudad. Entre los principales protagonistas de esta contrahistoria regiomontana está Ignacio

Salas Obregón, convocante principal de lo que luego sería la Liga Comunista 23 de Septiembre. Hijo de comerciantes devotos y líder de la Acción Católica Mexicana en Aguascalientes, Salas abrazó de lleno el llamado al cristianismo militante luego de su paso por el Tec, a donde llegó para estudiar la prepa y la carrera de Ingeniería. Se identificó de inmediato con esa nueva forma activa de hacer Iglesia que predicaban los capellanes de su universidad, con opción preferencial por los pobres y los menos favorecidos, y que abrevaba todo del canon marxista, con una flagrante excepción: para ellos, como para gran parte de la izquierda latinoamericana de ese entonces, la religión organizada no parecía estar incluida entre esos opios del pueblo señalados por Marx y Engels.

Fue en las aulas del Tecnológico donde Salas conoció a José Luis Sierra, originario de Nayarit, hijo de un distribuidor de cervezas de la Cuauhtémoc y, hasta poco antes de su expulsión, presidente de la Confederación de Estudiantes del Instituto Tecnológico de Monterrey. En los cafés de la OCU, tutelados por los jesuitas, Salas también entró en contacto con Raúl Ramos Zavala, economista de la Universidad Autónoma de Nuevo León que, en el Tercer Encuentro Nacional de la Juventud Comunista, escribió la ponencia titulada «El proceso revolucionario en México», texto que dio nombre al grupo que fundaría en 1969 junto a José Ignacio Olivares Torres, alias El Sebas, también de la escuela de Economía de la UANL. Este último llegaría a formar parte del buró político de la Coordinadora Nacional de la 23 de Septiembre y a fungir como jefe de la liga en Jalisco, además de convertirse en el cerebro de dos secuestros, en Monterrey y Guadalajara, que cuatro años después cimbrarían a México.

Al verse expulsado del Tec y desheredado por su familia debido a su activismo de izquierda, Salas viajó a Ciudad Nezahualcóyotl, en el Estado de México, para hacer apostolado desde el Movimiento Restaurador de Colonos, en la parroquia del Refugio, resguardándose bajo el ala de Carlos Castillo Peraza en una casa de la calle de Jalapa, en la colonia Roma. Ramos y Olivares habían llegado poco antes a la capital, donde se colocaron como profesores en la UNAM, y poco después se les uniría Sierra. Así, desde la Ciudad de México, los cuatro antiguos compañeros de estudios —cuyos destinos se habían entretejido en Monterrey— se convirtieron en los principales convocantes de la marcha en apoyo a la autonomía de la Universidad de Nuevo León, detonante de la matanza del 10 de junio de 1971, el Jueves de Corpus, que los arrojaría de lleno a la clandestinidad de la guerrilla.

El año anterior, Eduardo Elizondo, gobernador del estado, había reducido drásticamente el presupuesto de la universidad norteña en rechazo a la nueva ley orgánica votada por alumnos y maestros, una que reformaba los estatutos para que el rector y los directivos ya no fueran elegidos por voluntad del Ejecutivo local, sino por una asamblea de representantes estudiantiles. El recorte forzó al Consejo Universitario a recular, cancelando de facto la deseada autonomía, y los estudiantes y maestros iniciaron una huelga mayor que, entrada la primavera, provocó la renuncia de Elizondo, sustituido por Luis Marcelino Farías a instancias del presidente Echeverría. El gesto fue insuficiente: el conflicto había cobrado vida propia y empujó al Instituto Politécnico y a la Universidad Nacional Autónoma de México a convocar una protesta solidaria, cuyas demandas de libertades más amplias cristalizaron alrededor de la apertura democrática pendiente desde la matanza de Tlatelolco, ocurrida tres años antes.

Los manifestantes arrancaron frente a la Facultad de Ciencias Biológicas del Instituto Politécnico Nacional. A los pocos pasos se toparon con el general Raúl Mendiola Cerecero, subjefe de la policía, acompañado de los comandantes del servicio secreto Genaro de la Mora, Juan Larios Ochoa, Gonzalo Ibinarriaga y Felipe Sotomayor Porras. Mendiola les ordenó que se dispersaran, pero los muchachos lo ignoraron. El policía los alcanzó a la altura de la calzada de los Gallos, esta vez acompañado de unidades antimotines, y les dio un ultimátum de cinco minutos. Unos pidieron parar la marcha; otros buscaron dirigirse directamente al Zócalo, y algunos arrojaron piedras y material de construcción encontrado al paso contra las tanquetas antimotines. A pesar de la confusión, la masa siguió avanzando y, ya muy cerca de la Ribera de San Cosme, tiradores apostados en el techo del cine Apolo comenzaron a disparar mientras, a ras de calle, un grupo de halcones armados con macanas se abalanzó sobre los muchachos sin decir agua va.

A diferencia de la masacre de Tlatelolco, ocurrida en 1968, en esta ocasión los estudiantes sí iban armados. Lo dijo Sierra en entrevista con Ana Lucía Álvarez Gutiérrez:

> Nosotros sabíamos y temíamos que el 10 de junio nos iban a reprimir, sabíamos de la existencia de los halcones. Lo que no consideramos fue el grado de agresión, el tamaño de la agresión y también nos sentimos muy chingones: teníamos veinte pistolas y creímos que nos podíamos comer el mundo.

Ignacio Olivares se había mudado a la capital en 1969. En una reunión clandestina, días después del fatídico Jueves de Corpus, discutiendo con sus tutores jesuitas y con viejos compañeros de la OCU sobre cómo seguir la lucha tras la represión, se levantó y dijo: «Llegó el momento de usar la violencia contra la violencia». Xavier de Obeso, quien comulgaba a cabalidad con la idea de mandar a sus pupilos a la guerrilla, les aplaudió, aunque nunca llegaría a tomar las armas junto a los muchachos. El padre Rábago, confundido, le preguntó si hablaba de la lucha interna contra la tiranía y la opresión del pecado, contra las pasiones egoístas, fuente de la violencia social, y Olivares respondió: «No, Salvador. Ya no se trata de eso. El momento llegó para atacar a la violencia con sus propias armas. Te estamos agradecidos por todo lo que has hecho por nosotros, pero tú ya no nos puedes acompañar».

Por todo México comenzaron a brotar grupos clandestinos que se alzaron en armas contra el régimen y contra lo que, desde su formación izquierdista, sus miembros entendían como opresores: los burgueses, los ricos, y los medios y académicos conservadores. En general eran dispersos e improvisados, mal entrenados y poco eficientes. Desde la desesperanza dejada por experiencias tan lejanas a los *country clubs* de su infancia provinciana, y con la intención de aglutinar y potenciar las distintas facciones guerrilleras mexicanas en una organización de relevancia nacional, Ignacio Salas —antes líder de Acción Católica— se propuso fundar una estructura combatiente unificada, poderosa y de alcance nacional. Así, el 15 de marzo de 1973 nació en Guadalajara la Liga Comunista 23 de Septiembre, bautizada en honor a la fecha del asalto, en 1965, al cuartel militar de Madera, Chihuahua, por el Grupo Popular Guerrillero, y cuyo nombre, para las buenas conciencias regiomontanas, representaría durante décadas al mismísimo chamuco en la tierra.

Ramos, también autor intelectual de ese encuentro en la capital tapatía, nunca llegó a verlo. En diciembre de 1971, Los Procesos y un puñado de grupos más —entre ellos el Núcleo Central, el Movimiento de Acción Revolucionaria y el grupo de Lucio Cabañas— planearon sin éxito robarse la nómina de Petróleos Mexicanos. En su lugar optaron, a inicios de 1972, por dar desorganizados golpes bancarios en Chihuahua y Monterrey, sin conseguir botín alguno, pero con un generoso saldo de muertos, heridos y encarcelados. Ramos y Salas lograron escapar; el primero se ocultó en una casa de seguridad de la colonia Narvarte. Su objetivo era agrupar a los elementos que habían quedado vivos en el norte del país para recomenzar la lucha y, con esa intención, aceptó una invitación de Ramón Sosamontes, del grupo de la Juventud Comunista de México, quien lo citó el 6 de febrero en el parque México, en la ahora colonia Condesa.

Ramos lo esperó un buen rato, entre las calles de Ámsterdam y la avenida Nuevo León, junto con Alberto Sánchez, recién ingresado a la Liga de Comunistas Armados, y Heber Matus, de la Facultad de Ciencias Políticas de la UNAM. Sosamontes nunca llegó, aunque sí dedicaría el resto de su vida a la brega política, hasta terminar como uno de los operadores principales de la Estafa maestra. Quienes sí se presentaron fueron los policías Sotero Tobón Zárate y Andrés Márquez Milán. Al verlos venir Ramos y Sánchez desenfundaron sus pistolas, matando a Márquez. A los uniformados se les unieron más compañeros, apostados por el resto del parque, y uno de ellos le disparó por la espalda a Ramos, perforándole un pulmón e hiriéndolo de muerte. Matus salió huyendo a las primeras balas.

A la reunión fundacional de la 23 de Septiembre asistieron el Frente Estudiantil Revolucionario, formado para combatir a la sinarquista Federación de Estudiantes de Guadalajara; los Guajiros, de Chihuahua; la Federación de Estudiantes Universitarios de Sinaloa (FEUS); parte del Movimiento de Acción Revolucionaria; Los Procesos y el Comando Lacandones, surgido del Comité de Lucha del Politécnico tras la matanza de Tlatelolco. Estos últimos ayudaron a financiar la fundación con 30 000 pesos producto del asalto a una panificadora Bimbo en el entonces D. F. Al poco rato se les unirían los Macías.

Un año y un mes después de esa reunión, Salas sería apresado, en la madrugada del 26 de abril de 1974, y llevado al Campo Militar Número 1. La historia oficial dice que los policías municipales Antonio Gutiérrez Murillo y José Luis Meza López detectaron una conducta sospechosa en el conductor de un Dart azul que circulaba por las calles Puebla y Morelia, en el municipio mexiquense de Tlalnepantla. Al bajarse a investigar fueron recibidos a balazos, a los que respondieron, hiriendo gravemente a Salas. Desde entonces nadie volvió a saber de él. En 1978 sus padres acudieron a la Secretaría de Gobernación citados por su titular, Enrique Olivares Santana, quien les dijo: «Ya no busquen a su hijo. Está muerto». Ese día era 23 de septiembre. Cuando desapareció, Salas Obregón tenía 25 años y su nombre de guerra era Oseas, el profeta que sentenció que quien siembra vientos, cosecha tempestades.

De entre estos cuatro personajes cuya semilla guerrillera se plantó en el Tecnológico de Monterrey, José Luis Sierra es el único que sobrevivió a la Guerra Sucia. Años antes de que tomara las armas y de que fuera aprehendido en 1972, fue parte central de las huelgas y protestas estudiantiles que entonces desquiciaban al rector del Tec, Fernando García Roel, e irritaban sobremanera a mi tío Eugenio. Por ello, el 6 de septiembre de 1967, el joven fue citado a casa del empresario, en la colonia Obispado. El intercambio retrata de cuerpo entero la horma bajo la cual los patriarcas norteños intentaban homologar el pensamiento de la ciudad, rasgo que las generaciones siguientes heredaron como un terrible miedo a la crítica, a la independencia y a la otredad que, a la fecha, mantiene atada de manos a una buena parte de sus habitantes.

El choque entre el estudiante y el empresario comenzó cuando Sierra quiso invitar al campus a los dirigentes del PAN, PRI y PPS (Partido Popular Socialista), partidos con candidatos presidenciales en las elecciones de ese año, y el rector —bajo instrucciones de un tío Eugenio reacio a que la institución se contaminara de cualquier quehacer político—, lo prohibió. Sierra advirtió que realizaría el encuentro con o sin el Tec y, ante la imposibilidad de costear salones alternos, buscó a Moisés Sáenz, ilustrado miembro de la masonería local, quien con gusto le ofreció al chico sus instalaciones: el salón Blanco y Negro, a la vuelta del cine Juárez, que servía para las reuniones de la cofradía y también se rentaba para bodas, bautizos y eventos sociales. Garza Sada se molestó sobremanera, no solo por el desacato, sino por la inesperada entrada de los masones en la escena, a quienes consideraba influencias subversivas y anticristianas. Funcionarios de la universidad le ofrecieron al joven que escogiera otro sitio —el cine o salón que fuera—, prometiéndole que don Eugenio pagaría todo, propuesta que Sierra rechazó.

Fue entonces cuando Garza Sada lo mandó llamar. Lo recibió en la sala de su casa, sentado en un sillón de respaldo alto, frente a un ventanal, rascando incesantemente el tapiz de los descansabrazos.

—Es usted un niño al que todavía le chorrea la leche. Usted no sabe lo difícil que ha sido construir este México —le dijo al muchacho. Acto seguido se levantó y salió al balcón, señalando las casas alrededor del cerro del Obispado, todas por debajo de la suya—: ¿Sabe usted quién vive ahí?

—No sé —contestó el estudiante.

—Pues el presidente de tal cámara. ¿Y allá?

—El alcalde.

—¿Y en esa casa?

—El arzobispo —diría Sierra.

—¿Y sabe por qué están debajo de mí? Para que todos sepan quién manda en Monterrey.

Después, don Eugenio lo condujo a una vitrina de la que sacó un libro de pastas amarillas titulado *América peligra*, de Salvador Borrego, rabioso antisemita y filofascista, cuyas obras llenaban la pequeña biblioteca con una decena de tomos de cada título. Recuerda Sierra que Garza Sada le dijo:

—¡Léalo!

Y que él le respondió:

—Don Eugenio, ya lo leí. Y ¿sabe qué? Me sorprende que una persona tan inteligente como usted tenga estas porquerías.

El encuentro no terminó bien. Esa misma noche Sierra recibió una atenta llamada de Alfonso Martínez Domínguez, entonces líder del PRI: «Me enteré de que tuvo un lleguecito con don Eugenio», le dijo el político, socarrón, para luego ayudarle a gestionar el Teatro Calderón, entonces bajo mando municipal. Fue allí donde terminó realizándose la reunión de candidatos, y no dudo que el arreglo se hubiera concretado con la bendición tras bambalinas del tío, quien muy probablemente le pidió a Martínez que hiciera lo posible para que el evento, de resultar inevitable, al menos no sucediera en el salón de los pérfidos masones.

La chispa responsable del incendio final de esa pradera se dio un año más tarde, cuando los estudiantes montaron una obra de teatro en los jardines del campus, el último día de clases, justo antes de las vacaciones navideñas de 1968. La ciudad ficticia donde se desarrollaba la acción se llamaba Vainilla Seca, y su cacique, Eugenio Mac Pato Asado, fue interpretado por Sierra. El rector de la universidad se llamaba Fernando Papá Noel, siempre emperrado en expulsar estudiantes. En una escena, cuando este pidió el reglamento de la institución, le llevaron una carretilla con papel higiénico. Acto seguido apareció Asado, quien tomó una *Playboy* que reposaba entre los rollos de papel y, al abrir el desplegado central, exclamó: «¡Virgen santa, morenita del Tepeyac, sálvame!». El público, divertido, le coreó que mostrara lo visto y el actor accedió, desdoblando una linda imagen de la Guadalupana.

A los pocos días, los mismos chicos publicaron un mensaje navideño firmado por una veintena de jesuitas y estudiantes, que decía así:

> Al pueblo mexicano: No entendemos una Navidad cristiana en una sociedad que convierte el anuncio de Amor y Libera-

> ción en un mensaje de publicidad y de lucro; que manifiesta más el lujo de los privilegiados y muchas veces acalla conciencias con limosnas, que no siempre promueven al hombre. La Paz que nos anuncia el Evangelio se construye, y no únicamente se desea, por la promoción decidida y eficaz de estructuras más justas y liberadoras. Esta es la Paz de Cristo.

Los responsables fueron pronto llamados a juicio y se ordenó su expulsión el 6 de enero de 1969. Cuando Sierra, a quien le faltaba un semestre para terminar la carrera, llegó a la oficina de rectoría a pedir sus documentos, la secretaria, universalmente conocida como la Güera, tartamudeó, diciéndole que no podía ayudarle. Salió entonces el administrador, Fernando Jáimez, para advertirle a Sierra que bajo su nombre no existía en el Tecnológico ningún crédito o constancia que probara su paso por esas aulas. El desplante detonó una huelga de hambre en solidaridad con los expulsados que, para enorme contrariedad del tío Eugenio, los jesuitas no solo no condenaron, sino que apoyaron abiertamente, atendiendo a los estudiantes en paro entre las tiendas de campaña que brotaron en los jardines de la universidad.

García Roel llamó diligentemente a su oficina a los chicos que acampaban frente a Rectoría, conminándolos a abandonar a su suerte a «esos comunistas» y, ante su poco éxito, amenazó con expulsarlos también. Pero el daño ya era incontenible: padres de familia, al enterarse del zafarrancho, se unieron a sus hijos en la huelga, adornada por la presencia constante de la mismísima reina del Tec, Diana Turner, y de un par de guapas herederas sampetrinas que enarbolaron su resistencia hasta que miembros de la seguridad privada de sus familias fueron a buscarlas.

Los mediadores extraoficiales del conflicto fueron, por el lado de los jesuitas, Hermann von Bertrab y, por parte de los empresarios, Dionisio Garza, mi padre, quien invitó al primero y a algunos de sus colegas a una reunión en el Club Industriales para escuchar no solo el punto de vista de los estudiantes en rebeldía, sino el de la teología de la liberación de los jesuitas que los sustentaban. Fernando González, en su libro *Cuando un futuro se disuelve. De identidades trastocadas y radicalizaciones no previstas*, lo cita así, siguiendo los recuerdos de Von Bertrab: «Padres, creo que hay muchas cosas de la Doctrina Social que no acabamos de entender, en particular en cuanto a cómo se pueden aplicar a nuestras actuales condiciones». En el encuentro, el padre Rábago habló de los puntos finos de las nuevas encíclicas sociales y mi padre sugirió hacer más sesiones en su casa para «escucharlos con toda tranquilidad y aprender lo que aparentemente nos falta».

Durante muchos años lo vi en su biblioteca leyendo esas encíclicas y los libros de Freire y de Boff, que luego comentaba durante horas con el arzobispo Adolfo Suárez Rivera, frecuente visitante de mi casa, hombre bueno y paciente que luego sería cardenal y que, poco antes de morir, un Sábado Santo de 2008, extendió a los jesuitas la invitación de regresar a la ciudad de la que habían sido expulsados poco después de esa huelga por el arzobispo, a instancias del tío Eugenio, terminando así esa absurda veda que, durante más de treinta años, nadie se había atrevido a contrariar.

Los esfuerzos de mi padre y de otros afines terminaron mal, por una parte, porque De Obeso solía reventar cualquier acercamiento que hubiera logrado el magro diálogo y, por la otra, porque Von Bertrab fue catalogado de traidor por tirios y troyanos, tan entenados unos como los otros. Los estudiantes se enteraron de sus acercamientos con las cúpulas y comenzaron a abuchearlo en pasillos y salones, llamándolo traidor, mientras el tío Eugenio enfureció cuando lo vio fotografiado en los diarios dando la comunión a los estudiantes en paro. Muy pronto los jesuitas fueron avisados del fin de los apoyos que hasta entonces les otorgaba el Patronato de la universidad y debieron desalojar sin demora el recinto con salones, capilla y biblioteca donde vivían desde 1967, conocido como Casa Caracol por la calle donde se asentaba, en el número 5.

Von Bertrab fue requerido por el tío Eugenio para reclamarle que se hubiera metido en ese pleito, culpándolo de «acelerar a los muchachos» y repitiéndole que lo estimaba, pero que tendría que «llevárselo entre las patas». Y vaya que cumplió: a los pocos días el cura fue vetado en su ejercicio sacerdotal por el arzobispo de Monterrey y, casi simultáneamente, invitado a dejar su puesto de profesor de Economía en el Tec. En cuanto al resto de los jesuitas, el arzobispo primado de México, Miguel Darío Miranda, amenazó con retirarles los hábitos a Rábago y a De Obeso, gesto superfluo, pues ambos terminaron abandonándolos gustosamente. Tiempo después, De Obeso se casaría con una exreligiosa del Sagrado Corazón.

A modo de colofón, hubo en Monterrey una infructuosa y ríspida reunión entre el tío Eugenio y el provincial de la Compañía de Jesús, Enrique Gutiérrez Martínez del Campo, con el arzobispo Alfonso Espino y Silva como testigo y supuesto mediador. Cosas veredes: años antes, y pese a múltiples irregularidades, siendo obispo de Cuernavaca, Espino dio el 13 de junio de 1948 por canónicamente establecida a la orden de los Misioneros del Sagrado Corazón y de Nuestra Señora de los Dolores, que luego sería conocida como los Legionarios de Cristo. En menos de un año, la Compañía de Jesús había quedado expulsada no solo del Tec, sino, por instrucciones del tío Eugenio a Espino y Silva, de la diócesis entera. Su lugar en la capellanía del Tecnológico lo ocupó el diocesano Jorge Rady, quien no tardó en calificar a los jesuitas de viles agitadores.

Quizá todo lo anterior habría quedado en anécdota de no ser por lo sucedido el lunes 17 de septiembre de 1973, cuando mi tío abuelo fue asesinado minutos antes de llegar a su oficina, en lo que fue uno de los cuatro golpes de alto impacto llevados a cabo ese año por una guerrilla efímeramente unificada bajo las siglas de la Liga 23 de Septiembre. El primer ataque, en Guadalajara, fue el secuestro del cónsul estadounidense Terrence Leonhardy, de 58 años. El 5 de mayo de 1973 el diplomático salió de sus oficinas en las calles de Progreso y Libertad; desde ahí fue seguido por las Fuerzas Revolucionarias Armadas del Pueblo hasta la avenida Colomos y Managua, en la colonia Providencia, donde fue interceptado por dos coches de donde salieron cuatro jóvenes armados. Sacaron a Leonhardy, enfermo de una pierna, a trompicones de su Plymouth. Cuatro días después fue abandonado cerca de un bar en la calle Morelos. Nunca habló públicamente de su cautiverio. Su liberación, resultado de una negociación extraoficial ordenada por el presidente Echeverría —en contra de la instrucción del Gobierno de Estados Unidos—, se produjo a cambio del envío a Cuba de treinta guerrilleros hasta entonces presos, la publicación de un manifiesto y un pago de 80 000 dólares.

Dos secuestros posteriores, también en Guadalajara, pero el 10 de octubre, fueron los del cónsul honorario británico Anthony Duncan Williams, nacido en México 47 años antes, y el del empresario Fernando Aranguren Castillejo. En el primero, cuatro encapuchados con armas largas irrumpieron en su casa, cerca del Country Club, a las 8:30 a. m., sin importarles la presencia de su esposa y de sus cuatro hijos pequeños. Como el presidente estaba preocupado por las repercusiones internacionales del caso Leonhardy, Duncan fue liberado a los pocos días, también gracias a negociaciones mediadas por Gobernación, sin que se supiera en este caso si hubo pago de rescate u otros intercambios.

Aranguren no tuvo tanta suerte. Iba de camino al trabajo, desde su casa en la calle La Rioja, cuando a punta de pistola fue detenido en el puente del Arroyo Chico, en la carretera vieja a Zapopan. Lo torturaron salvajemente hasta el 16 de octubre, cuando fue ejecutado por Pedro Orozco Guzmán. Su cadáver fue encontrado en una cajuela dos días después, y quien llamó a la policía para alertar del paradero de sus restos dijo que lo habían matado «por burgués». Aranguren fue, además de un hombre bueno e íntegro, un muy cercano amigo de mi padre.

El tío Eugenio solía decir, cuando hablaba de la posibilidad de su propio secuestro, que a él no lo agarrarían vivo, que lo último que quería era darles dinero a los guerrilleros, ordenándoles a sus abogados y administradores que por él nadie debía pagar «ni un quinto». Tenía la costumbre de conducir él mismo su Galaxy negro modelo 68, llevando de copiloto a su chofer de años, Bernardo Chapa, y subiendo en el camino a los chicos que iban rumbo al Tec pidiendo aventón. Cuando las guerrillas comenzaron a escalar la violencia, su familia le insistió para que dejara de hacerlo, que mejor se acompañara de un guardaespaldas y que llevara pistola, lo cual aceptó, aunque a regañadientes, manteniendo el arma asegurada en la guantera del coche.

A partir de entonces, las pistolas se hicieron también presentes en el coche de mi padre, sorprendiéndome su peso cuando lo acompañaba a las prácticas de tiro que hacíamos en el jardín de la casa, donde levantó un muro hecho de gruesos durmientes de madera, tapizados de cartoncillos con siluetas humanas y un corazón de tinta al centro. La primera vez que disparé una pequeña .22, la detonación mandó a volar a mis 7 años y magros 20 kilos varios metros hacia atrás.

El 17 de septiembre de 1973, a las 9:05 a. m., el Galaxy negro de Garza Sada se acercó a la esquina de las calles Quintanar con Villagrán. Del lado del conductor, cargando una metralleta, se apostó Javier Rodríguez para anunciarles que aquello era un secuestro. De inmediato el chofer, Chapa, sacó su pistola y disparó, detonando la balacera. Anselmo Herrera Chávez, quien se había acercado por el lado derecho, donde se sentaba Garza Sada, respondió fuego con fuego, aunque sin suerte; pronto fue mortalmente herido por las balas que Modesto Torres, el guardaespaldas, le roció desde el asiento trasero. Tanto el chofer como Torres quedaron moribundos.

Cuatro guerrilleros más descendieron de una *pick up* Ford azul celeste, modelo 1969, para sacar a Garza Sada del coche por la fuerza. Esa camioneta, junto con un Ford Falcon gris del mismo año, se había apostado a esperar desde temprano el paso del Galaxy, con Jesús Piedra Ibarra haciéndola de vigía.

El revólver del tío Eugenio nunca fue disparado. Al comenzar la refriega, Chapa lo empujó debajo de los asientos y, cuando los atacantes intentaron sacarlo del auto por la fuerza, se resistió al jaloneo. Fue entonces cuando le dispararon a quemarropa, no se sabe si por enjundia o por descuido. Al ver que agonizaba, lo botaron en el pavimento a que muriera, recogieron a sus dos compañeros caídos, los subieron a la pick up y huyeron. Garza Sada fue socorrido por vecinas que nada pudieron hacer, y luego por los bomberos de la Cervecería Cuauhtémoc y por una ambulancia de la Cruz Roja que lo trasladó al Hospital Muguerza, adonde llegó sin vida.

El Galaxy recibió decenas de balazos que reventaron por completo el parabrisas trasero y las ventanas del lado izquierdo. En el piso del asiento delantero, del lado derecho del coche, los policías —que llegaron media hora después del atentado— encontraron el Smith & Wesson calibre .38 propiedad del tío. En el piso del conductor estaba la Browning 9 mm de Chapa, bañada en sangre y escarchada por los vidrios rotos. En el asiento trasero quedó la .45 de Torres. Hasta la fecha, una discreta placa en el pavimento marca el sitio del ataque que dejó a la ciudad una cicatriz invisible, aunque permanente. Garza Sada tenía 81 años, seis hijos, una cuarentena de nietos y una legión de empleados.

La mancuerna hermética que durante décadas mantuvieron mi abuelo y su hermano se había roto. Ambos alternaban la presidencia del negocio año con año, dedicándose quien estuviera en la banca a pensar en mejoras continuas o en nuevas inversiones que aplicarían en su siguiente turno al timón. Esa mecánica no pudo replicarse entre mi abuelo y su sobrino, por lo que las familias decidieron partir en dos el Grupo Monterrey: los Garza Lagüera formarían Valores Industriales, o Visa, quedándose con la insigne cervecería, la tabacalera y los esmaltes, y los Garza Sada fundarían Alfa, con petroquímica, siderúrgica, cartones y alimentos, además de cerca de una cuarta parte de Televisa, participación que se vieron obligados a vender cuando la empresa quebró en los años ochenta.

Con el tío murieron Chapa y Torres, y de los atacantes cayeron Rodríguez y Chávez; varios de los perpetradores restantes desaparecerían después a manos de la policía. Con prisa por encontrar culpables, el recién nombrado gobernador Pedro Zorrilla apañó a antiguos miembros del Movimiento Revolucionario de Severo Iglesias, activos principalmente en el norte rural. Estos fueron prontamente torturados por Carlos Solana, de la policía judicial de Nuevo León, y por Salvador del Toro, el fiscal enviado por el Gobierno federal para resolver el caso. Tomando en cuenta los métodos usados, no está claro si esa primera redada de detenidos efectivamente formó parte del golpe contra Garza Sada: sus captores los colgaron de los testículos, además de aplicarles toques eléctricos y enemas de agua gaseosa enchilada. El agua mineral Topo Chico, orgullosamente regiomontana y cuya fuente original brota de los manantiales del cerro junto a la antigua prisión del mismo nombre, es hoy famosa por su generosa efervescencia y sus burbujas grandes, características que la hacen irresistible para paladares finos de París a Nueva York, pero que, muchos años atrás, la volvieron la preferida de los cancerberos de la guerra sucia.

Quien sí montó el golpe contra Garza Sada fue el grupo conocido como Los Macías, activo en Nuevo León y Tamaulipas, el último en unirse a la Liga 23 de Septiembre y así apodado por el parecido de sus fundadores, Salvador Corral García y Edmundo Medina Flores, con el boxeador el Ratón Macías. Los Macías empujaron la decisión de llevar a cabo el atentado con la aprobación del Comité

Militar de la liga y con la venia de José Ignacio Olivares, quien, bajo el seudónimo de Raúl Gómez y en su calidad de dirigente de la liga —primero en Monterrey y luego en Guadalajara—, planeó también los secuestros de Duncan y de Aranguren. Fue detenido junto a Corral el 30 de enero siguiente, en Mazatlán, y trasladado a la Ciudad de México, donde aceptó los cargos, pero se deslindó de la tortura y asesinato del empresario tapatío, acusando a sus compañeros Pedro Orozco Guzmán, alias Camilo, y a Tomás Lizárraga. De poco le sirvió: el 2 de febrero fue ejecutado y arrojado en la esquina de las calles Metalúrgica y Altos Hornos, colonia El Álamo, a poca distancia de la casa de Margarita Álvarez, la viuda de Aranguren. Con los pantalones de terlenka azul a la altura de las rodillas, destrozadas por la inserción de clavos, no llevaba zapatos y le chorreaba sangre de los oídos. Tenía el cráneo fracturado y los labios desgajados.

El cuerpo de Corral recibió tratos similares, pero su destino final fue Monterrey, donde fue encontrado el 4 de febrero de 1974 en la colonia Fuentes del Valle, a cuadras de la casa de Consuelo Lagüera, viuda de Garza Sada, en lo que pareció un tributo macabro del gobierno de Echeverría a las familias en duelo. Las fotos con el tiro de gracia, tomadas poco antes de despachar los cadáveres a su destino final, se publicaron en *Alarma,* la gacetilla vespertina mediante la cual las mafias del bajo mundo regiomontano se enviaban entonces sus mensajes.

Una de las teorías alrededor de estos ataques propone que fueron patrocinados por el mismo Luis Echeverría, contrariado porque los Garza Sada buscaban comprar la cadena editorial García Valseca para convertirla en un medio de franca oposición a su presidencia abiertamente hostil a la clase empresarial. La realidad es que, si bien la Dirección Federal de Seguridad (DFS) solía tener una oreja en cada célula y sabía que los ataques a esos blancos eran probables, su responsabilidad fue más por incompetencia u omisión que por alguna franca directriz. No puede olvidarse que la mayor parte de los grupos clandestinos mexicanos nació en respuesta a los golpes de Echeverría al movimiento estudiantil, desde sus días como secretario de Gobernación y luego como presidente, y que entre los bandos no había precisamente amor.

El añejo enfrentamiento entre los Garza Sada y el Gobierno hizo que no pocos obreros y empleados de la cervecería dieran por buena la sospecha y juraran vengarse del presidente cuando este visitó Monterrey para el entierro de quien muchos consideraban su benefactor. Las amenazas no se cumplieron, pero en el camino entre el Tecnológico, la iglesia de la Purísima y el panteón abundaron los gritos de «asesino», o peores, por parte de la gente que se agolpó para ver pasar el cortejo fúnebre. Ya en la capilla, no pocos deudos rechazaron secamente la mano que les tendía el mandatario, que, pese a todo, sí fue estrechada por el heredero e hijo mayor, Eugenio Garza Lagüera. El sentimiento de animadversión hacia el presidente había generado un ambiente tan tenso que podía cortarse con navaja. Al escuchar la eulogía acusatoria de Ricardo Margáin Zozaya, el presidente decidió levantarse y retirarse a medio servicio:

> Solo se puede actuar impunemente cuando se ha perdido el respeto a la autoridad, cuando el Estado deja de mantener el orden público; cuando no tan solo se deja que tengan libre cauce las más negativas ideologías, sino que además se les permite que cosechen sus frutos negativos de odio, destrucción y muerte.

En las postrimerías de ese quiebre, Porfirio Muñoz Ledo, entonces secretario del Trabajo, se reunió con la familia y con los empresarios regiomontanos para asegurarles que no había sido el Estado. Dados los calificativos de burgueses, rémoras y enemigos de la revolución que Muñoz gustaba de dirigir una y otra vez contra los aludidos, nadie le creyó, aunque en esta rara ocasión, al menos en parte, decía la verdad. Lo único cierto de la acusación contra Echeverría es que a este le irritaba sobremanera el interés de la familia por entrar a los medios nacionales. Pero ese interés no era nuevo, ni improvisado: muchos años antes de ese triste episodio, Luis G. Sada, hermano de mi abuela Margarita y fundador de la Coparmex, había fondeado a Celedonio Junco de la Vega y a su hijo Rodolfo para que, desde su vespertino *El Sol*, fundaran el matutino *El Norte*, con el fin de hacer frente a la retórica que consideraban estatizante e izquierdista del cardenismo; hasta entonces, decía don Celedonio, *El Sol* era el único en salir al atardecer.

Junco de la Vega nació en Matamoros en octubre de 1863. Huérfano desde la adolescencia, llegó a Monterrey a los 24 o 25 años, donde se casó con Elisa Voigth, tuvo 15 hijos e hizo carrera en los medios impresos como periodista y poeta. Con su hijo Rodolfo fundaría *El Sol* en 1922, y 15 000 ejemplares de *El Norte* verían la luz el 15 de septiembre de 1938, a cinco centavos la pieza. Hasta ese día los Junco no habían podido arrebatarle suscriptores a *El Porvenir*, un diario cercano al presidente Cárdenas y entonces tan hegemónico en la ciudad como ahora lo es *El Norte*. Cuando Celedonio murió, en 1948, la expectativa era que Rodolfo cerrara los diarios y se dedicara a otra cosa. No lo hizo entonces, ni tampoco cuando se peleó con sus socios capitalistas —los descendientes de don Luis— a mediados de los años sesenta, ni cuando Echeverría buscó ahogarlo por su línea crítica. No se apartó de sus diarios sino hasta que sus hijos Rodolfo y Alejandro lo expulsaron de la empresa; tras lo cual se exilió en San Antonio para acusarlos una y otra vez, durante décadas, de haberle robado de su propia caja fuerte el paquete accionario que lo acreditaba como dueño.

En los inicios de la fallida asociación entre los Junco y mi familia, el tío Eugenio colocó como cuña en el proyecto a su autor de cabecera, Salvador Borrego, a quien había invitado a Monterrey desde Guadalajara, donde este antes le servía a Salvador Abascal Infante escribiendo *La Hoja de Combate*, un pasquín mensual antisemita y filonazi de la Unión Nacional Sinarquista, cuyo artículo de primera plana solía ser escrito por Borrego. Rígido y paranoide, Borrego adquirió cierta fama en 1953 cuando escribió un panfleto delirante titulado *Derrota mundial*, cuya tesis central sostenía que, a raíz de la caída de Hitler, la humanidad había perdido la oportunidad de desterrar no solo al comunismo, sino a la «mancha judía», lastre —según él— de la economía y la cultura del planeta. A ello siguió, en 1964, *América peligra*, libro de cabecera de Garza Sada —increíblemente, dada su cierta ascendencia sefardita, que, hay que decirlo, no estaba establecida entonces—, en el que denunciaba una conspiración masónica y judía para explotar y arruinar a Latinoamérica. Junto al resto de sus textos, *La Hoja* serviría de literatura fundacional para los porros del Yunque y los Tecos.

Además de Borrego, la gota que derramó ese vaso fueron las disputas entre los Garza Sada y Rodolfo Junco Voight por el reparto de utilidades, que orillaron al rompimiento en 1967 en los peores términos. Los inversionistas presentaron una demanda que al final perdieron ante la Suprema Corte y, para tratar de detenerla, los Junco lanzaron amenazas de ensuciar a la familia en las páginas de los diarios cuyas redacciones controlaban. Para hacer frente a esa debacle, el tío Eugenio decidió montar por su cuenta un diario llamado *Tribuna de Monterrey*, entregándole la dirección a Borrego; sobra decir que no lo leía ni él.

En paralelo a estos experimentos fallidos y en sociedad con el empresario tapatío Fernando Aranguren, surgió la oportunidad de adquirir la cadena que, gracias a su amistad con Maximino Ávila Camacho —hermano del presidente

Manuel—, el general José García Valseca había fundado a fines de los años cuarenta. La empresa terminaría endeudándose hasta la quiebra con Pipsa, la paraestatal y surtidora única de papel periódico que, como tal, servía de ariete y de control a la censura oficial. Para entonces, mi abuelo y el tío Eugenio ya habían fundado TIM, o Televisión Independiente de México, cadena que con su canal 6 le peleaba audiencia al canal 3 local y al nacional Telesistema Mexicano, de Emilio Azcárraga Vidaurreta, Rómulo O'Farril y la familia de Guillermo González Camarena. TIM logró construir antenas en Veracruz y Puebla y, finalmente, adquirió la concesión del canal 8 en la Ciudad de México, justo antes de las Olimpiadas de 1968. *El Chavo del 8* se llama así por el canal donde nació, que también parió la primera etapa de *Los polivoces*, entre otros clásicos. Tras la muerte de Azcárraga Vidaurreta, TIM se fusionó con Telesistema Mexicano para formar Televisión Vía Satélite, S. A. de C. V., luego conocida como Televisa, y un periódico de alcance nacional fue considerado por los regios como necesario para apuntalar el área de noticias. Esto nunca llegaría a ver la luz: antes de que concluyera el año serían asesinados el tío Eugenio y Aranguren, y el gobierno de Echeverría terminaría quedándose con la cadena García Valseca para vendérsela, cuatro años después, a la familia Vázquez Raña.

La turbulencia causada por estos sucesos en la arena pública hizo fuertes olas en mi pequeña vida personal. De la noche a la mañana brotaron en mi calle las bardas de púas, las puertas con llave, los guardias armados y los coches blindados, uno de los cuales, al fallarle el sistema eléctrico, mantuvo a mi padre preso y sin entrada de oxígeno durante las horas que tardaron en romper el parabrisas de triple grosor a hachazos. Salió del periplo sudando y amoratado. Cosas que aprendí a mis 6 años, además de a desconfiar de la humanidad: los coches de alto blindaje son herméticos y no permiten bajar los vidrios, para proteger al pasajero en caso de un ataque con gases tóxicos.

Mi casa, vecina a la de mi abuelo y a las de mis tíos paternos, fue llamada Los Gatos por ser de las primeras en construirse con gatos hidráulicos, aunque yo juraba que el nombre se debía a la abundancia de gatos callejeros en su perímetro. Se ubicaba entre lo que entonces eran las orillas del pueblo de San Pedro Garza García y una colonia del Valle que aún no nacía. Con el tiempo, el municipio —gobernado por el PAN casi ininterrumpidamente desde los años sesenta— llegó a ser líder nacional en ingreso per cápita.

Con todo, durante mi niñez las pretensiones eran modestas: las calles de barro pedregoso eran frecuentadas más por burros y gallinas que por coches, y las construcciones se levantaban entre las milpas, para beneplácito de mis hermanos, que intercambiaban con los albañiles, antes de salir al colegio, las tortas de jamón y aguacate de sus loncheras por tacos de frijol refrito en manteca de puerco y chile colorado, calentados hasta tostarse en comales de tambo. Yo, que a esa edad aún no reparaba en el tesoro de la gastronomía popular, me acercaba simplemente a pedirles algo de mezcla. Con ella hacía figuritas y me embarraba las manos a placer, quedándome a veces por horas viéndolos trabajar sin que nadie levantara una ceja por esas interacciones, yermas de lucha de clases.

Una de esas milpas la ocupaba don Felipe, un anciano solitario que llegó al sitio atraído por una generosa noria. Levantó allí un jacalito y un pequeño vergel de maíz, zanahoria y calabaza, irrigado por acequias cuyos laberintos lodosos se encauzaban por gravedad y por pequeños pedazos de madera o de piedra laja a modo de diques móviles, costumbre viva del aguaje en los áridos pueblos de mi tierra. Su siembra verdecía en medio del terreno que, al crecer la ciudad, compraría mi abuelo para mudarse, junto con sus hijos, desde la colonia Obispado, en el centro de Monterrey. Esa parcela le tocó en suerte a mi padre, quien le dijo al hombre que podía quedarse y usar el agua; que, cuando la cosecha fuera abundante, le regalara algo de flor de calabaza o le ayudara con los rosales de mi madre. Sus ojos, anidados entre un montón de arrugas coronadas por un sombrero de ixtle, me miraban cuando llegaba a importunarlo con la expresión de quien ve a un perro callejero por el que se siente, al mismo tiempo, lástima y desprecio.

Todo eso acabó en 1973. Salir a todas horas de una casa que hasta entonces desconocía las cerraduras, a jugar con cualquier vecino, con las gallinas prófugas de sus corrales y con las hormigas cuando llovía —subiéndolas a barcos de papel que navegaban las cunetas las calles hacia el río Santa Catarina—, o a hurgar en las cajas de herramientas de los trabajadores del barrio que llegaban a pedir que les calentaran el itacate, dio lugar a una profunda desconfianza entre los adultos a mi alrededor. De la noche a la mañana adquirí pesadillas y un miedo paralizante a ser abducida por extraterrestres que, muchos años después, me expliqué como un sucedáneo infantil del terror provocado por el intento de secuestro de mi tío abuelo.

VUELO 705: TODOS A CUBA

Un buen día de lo que debió de ser 2009, el cronista y documentalista Diego Osorno entró a mi oficina y me sugirió buscar a un tal Canek Sánchez, un escritor cubano de excelente pluma, autor de un pequeño blog y nieto mayor del Che Guevara. Yo acababa de asumir la dirección de la extinta revista *Milenio Semanal*, y los apuntes de Canek me asombraron por su erudición y por su mirada anárquica, iconoclasta y socarrona. Pero Canek acostumbraba perder los celulares con irritante frecuencia y no tenía residencia fija. Diego me sorprendió al decirme que su padre, Alberto Sánchez, era regiomontano, paisano nuestro, y que seguramente podría ayudarme a buscar al chico. Con esa intención, pocos días después me encontré con Alberto en un café frente al parque México.

Esta historia de hilos múltiples, en realidad, comienza muchos años antes, al norte de la ciudad de Monterrey, en una casa clandestina de la Liga de Comunistas Armados, una célula guerrillera de las que brotaron en México luego de la masacre del Jueves de Corpus, el 10 de junio de 1971, cuando una marcha de estudiantes de la capital, en apoyo a la Universidad Autónoma de Nuevo León, fue atacada por paramilitares, con saldo de una centena de cadáveres. La mano dura desplegada en 1968 por el entonces secretario de Gobernación, Luis Echeverría Álvarez, le había ganado la venia de Díaz Ordaz y, con ella, la candidatura presidencial. Ya con la nominación bajo el brazo, el ungido buscó distanciarse de su pragmático y adusto antecesor, adoptando un discurso populista que, en esa coyuntura, renovó la esperanza de una mayor empatía social, sobre todo cuando, ya en la presidencia, indultó a algunos de los líderes del 68 que como secretario había enviado a la cárcel o al exilio.

La esperanza fue efímera: la segunda gran marcha estudiantil de la historia de México, la del Jueves de Corpus, inició fuertemente resguardada por la policía y el ejército, pero ninguno intervino cuando grupos de paramilitares infiltrados comenzaron a gritar «¡Viva el Che Guevara!», mientras estrellaban vidrieras, tumbaban puertas y atacaban a los manifestantes con toletes y balas, desatando un sálvense quien pueda que terminó por reventar la protesta. Grupos de estudiantes fueron subidos a camionetas sin placas para nunca más ser vistos, y los heridos que llegaron al hospital Rubén Leñero fueron alcanzados en los pasillos y las camas para darles el tiro de gracia. Como en 1968, Echeverría se deslindó de los hechos, prometió una investigación que nunca realizó y señaló como chivo expiatorio de la centena de muertos, heridos y desaparecidos al regente de la Ciudad de México, el regiomontano Alfonso Martínez

Domínguez, quien, bajo instrucciones presidenciales, salió a culpar a los estudiantes, acusándolos de incubar grupos extremistas: «El Departamento del Distrito Federal y el Gobierno de la República no tienen ningún cuerpo de este tipo. No existen "Los Halcones". Esta es una leyenda».

Al quedar asentada la naturaleza violenta y autoritaria del partido en el gobierno, el activismo mexicano optó por una de cuatro vías posibles: disolverse, venderse o asimilarse a la autoridad; asumirse como oposición doctrinal; o unirse a la lucha armada clandestina que, a diferencia de la de los camaradas marxistas de otros países latinoamericanos, nunca contó con el apoyo de La Habana, semillero ideológico y, no pocas veces, logístico de las guerrillas internacionales. La moneda de cambio de ese abandono fue el apoyo irrestricto del Gobierno de México a la agenda y a los intereses cubanos, sobre todo en foros internacionales.

Esa alianza se fraguó desde mediados de los años cincuenta, cuando, tras su primer intento de golpe contra Fulgencio Batista, que lo llevó a la cárcel, Fidel Castro y un pequeño grupo de insurgentes cambiaron sus sentencias por un generoso exilio mexicano. El Che se les unió muy pronto, tras llegar a México desde Guatemala, donde, luego de su emblemático recorrido latinoamericano, fue presentado al gobierno de Jacobo Árbenz por la economista peruana Hilda Gadea, quien más tarde lo acompañaría a la capital mexicana para dar a luz a su primera hija, Hildita.

El 21 de junio de 1956, cuando la resistencia cubana en México, constituida como el Movimiento 26 de Julio, acopiaba clandestinamente dinero y armas y realizaba ejercicios militares en el rancho Santa Rosa, en Chalco, sus líderes fueron arrestados por atentar en «conjura contra el Gobierno de la República de Cuba». La operación la comandó el joven capitán Fernando Gutiérrez Barrios, el mismo que años después, durante la masacre de Tlatelolco, ocuparía el cargo de jefe de la Dirección Federal de Seguridad y, como tal, sería responsable de la tortura de opositores y de exterminar cualquier disidencia política en México durante la segunda mitad del siglo XX. El entonces policía entabló amistad con sus vigilados y, a partir de entonces, cerró los ojos ante sus esfuerzos revolucionarios, que terminarían su periplo mexicano el 25 de noviembre de ese mismo año con el abordaje, en las costas veracruzanas, del yate llamado Granma, así bautizado en honor a su abuelita por el gringo que se lo vendió a los cubanos. Los insurgentes pasarían del mar Caribe a la Sierra Maestra y de ahí hasta la victoria, siempre. Fidel describiría su longeva relación con el policía mexicano con las siguientes palabras: «Llegó a sentir aprecio por nosotros y por todo el movimiento. Fue uno de los fenómenos que se produjo en medio de tal desastre: nació una relación de amistad y de respeto con el principal jefe de la Policía Federal».

La historia del padre de Canek, estudiante de Medicina en la Universidad Autónoma de Nuevo León a principios de los años setenta y uno de los muchos jóvenes lanzados a la lucha armada en México, no se engarzaría con Cuba sino hasta años después, cuando su grupo guerrillero, la Liga de Comunistas Armados, secuestró el 8 de noviembre de 1972 el vuelo 705 de Mexicana de Aviación, procedente del aeropuerto internacional Mariano Escobedo con destino a la Ciudad de México. El 5 de ese mismo mes su compañero Ángel Mejía Núñez, rompiendo el protocolo, llevó a la casa de seguridad que el grupo tenía por el rumbo de General Escobedo a una invitada que, al manipular descuidadamente la pistola que le presumía su pretendiente, disparó una bala que fue a terminar en la ingle de Edna Ovalle, estudiante de la Facultad de Filosofía y Letras, y encargada, entre otras cosas, de adquirir y cruzar armas desde Estados Unidos. La situación era grave. Ovalle se desangraba, y hospitalizarla con una herida por arma de fuego seguramente conduciría a una investigación que podía aniquilar al grupo entero.

La LCA estaba por inaugurar un hospital clandestino de campaña en el municipio de Escobedo para tratar a sus militantes heridos, pero aún no estaba listo. Germán Segovia, líder y fundador del grupo, decidió que el compañero Reynaldo Sánchez Rodríguez, estudiante de Medicina en la Universidad de Nuevo León, llevara a Ovalle a la clínica Lourdes, entre las calles de Reforma y Platón Sánchez, propiedad del padre de uno de sus amigos de la infancia, también médico, diciendo que Edna era su pareja y que había sufrido un accidente de cacería. El doctor, médico militar, les pidió 15 000 pesos —una fortuna entonces— para atenderla con discreción; cuando Segovia regresó con el dinero se encontró con un cerco de militares al acecho. Habían sido traicionados.

Pronto los policías torturaron por la información necesaria a los cautivos. Encontraron y catearon la casa donde había ocurrido el accidente y descubrieron armas de fuego, bombas caseras, mimeógrafos, una imprenta, dinero en efectivo y documentación delatora. Además, encontraron un guardarropa entero de disfraces: pelucas, bigotes, maquillaje, anteojos, caretas, pasamontañas, charolas falsas de la Policía Federal y acreditaciones de bomberos, telefonistas y mecánicos, entre otros. Con la información recabada en los testimonios y la redada, los policías fueron a capturar a Tomás Okusono en la Central de Autobuses; a Fortunato de la Rosa, en la casa número 1218 de la colonia Terminal; y a Ángel Mejía Núñez y a Francisca Saucedo Gómez, en la casa número 206 de la calle Jacarandas, en la colonia del Prado.

Al día siguiente, reunidos los compañeros que habían evitado la captura en un departamento por la calle Diego de Montemayor, desesperados ante lo que imaginaban como la inminente muerte de Ovalle, Segovia decidió, en vez de atacar el hospital militar donde yacía Edna o secuestrar al gobernador Farías, tomar el avión Boeing del vuelo 705 de Mexicana de Aviación, con matrícula XA-TAC, para canjearlo por los cautivos. El comando quedó conformado por Segovia, José Luis Martínez, Armando González y Alberto Sánchez. Esa misma tarde enviaron una avanzada al aeropuerto para estudiar los ires y venires del sitio, los horarios de las guardias y los accesos y, a la mañana siguiente, regresaron listos para lo que pensaron sería una misión suicida, a balazo limpio. Segovia y el grupo que venía desde Saltillo cruzaron la frontera entre Coahuila y Nuevo León en un Maverick cargado de armas y explosivos que, por ser recién comprado, por ser los combatientes todos de piel clara y por ir vestidos como muchachos de buenas familias, no levantó sospechas en los retenes que el ejército había instalado alrededor de la ciudad. Ya en el aeropuerto, la diosa de las insurgencias quiso que ese día el detector de metales de la sala internacional no funcionara. Viéndose sanos y salvos, a escasos veinte metros del avión, dejaron las armas largas y ocultaron apenas un par de pistolas bajo gruesos abrigos que, en esas épocas más inocentes, nadie consideró sospechosos a pesar del calor de Monterrey. En vez de la heroica asonada que habían imaginado, los integrantes del comando abordaron el vuelo haciendo fila, como todos los demás pasajeros.

Hasta ese día, la Liga de Comunistas Armados había logrado asaltar un par de bancos y comercios y detonar, el 7 de julio de 1972, un coche bomba frente al consulado estadounidense, todo ello sin sufrir una sola baja. Los líderes mantenían a sus huestes en células separadas, sin comunicación entre sí, de modo que nadie conociera los planes ni siquiera las identidades de los demás miembros del engranaje, y los entrenaban en la soledad del desierto entre Monterrey y Saltillo. Edna Ovalle cuenta la dedicación requerida de quienes eran invitados a la LCA, que debían: «Modificar absolutamente todo, a veces hasta la apariencia física, tu vida personal, tu vida familiar, tu trabajo, escuela;

cambias de personalidad, de familia…». No solo se esmeraban en el manejo de armas y explosivos y en la detallada planeación de sus golpes; los reclutas eran preparados, además, para enfrentar la tortura y quizá la muerte. A diferencia de la mayoría de los grupos clandestinos formados luego del Jueves de Corpus, la preparación y disciplina de la LCA los mantuvo fuera del radar de la inteligencia militar. Las policías, despistadas, solían atribuir sus golpes a César Yáñez, de las Fuerzas de Liberación Nacional (FLN), conocido como el Hermano Pedro, quien operaba fuera de las ciudades y nunca tuvo vela en esos entierros. Yáñez, por cierto, terminaría sembrando en Chiapas la semilla de lo que luego sería el movimiento zapatista.

Ese entrenamiento llevó a sus guerrilleros ese 8 de noviembre a abordar el vuelo 705 sin mayores sobresaltos, como si fueran cuatro viajeros más. Dos se sentaron en la parte delantera y dos en los asientos traseros del avión. La tripulación, además del capitán Abel Quintana Rodríguez, se componía de los primeros oficiales Román Téllez Fuentes y Carlos Pérez Rivera, y de las aeromozas Margarita Barragán, Laurita Cordero, María Teresa Jasso y Adriana Sarabia.

Una vez alcanzada la altitud de crucero, Segovia se levantó simulando buscar el baño. Entró a la cabina y encañonó al piloto, mientras Armando González le apuntaba a la jefa de azafatas, Margarita Barragán, al grito de: «¡Somos integrantes de la Liga de Comunistas Armados! ¡Buscamos derrocar a este gobierno para establecer uno de carácter socialista que acabe con la burguesía! ¡Nadie se mueva, manos a la nuca y todos tranquilos!». Segovia advirtió que tenían una bomba y que, de no cumplirse sus demandas, la detonarían en pleno vuelo. En la retaguardia Martínez y Sánchez se apostaron con las armas en alto para controlar al resto de los pasajeros. A las 9:22 a. m., la torre de control en Monterrey recibió un mensaje del capitán Quintana: «Unas personas tienen secuestrada la nave y exigen la libertad de los siguientes detenidos: Ángel Mejía Núñez, Francisca Saucedo Gómez, Reynaldo Sánchez Rodríguez, Tomás Okusono Martínez y Edna Ovalle Rodríguez».

Ni Segovia ni nadie podía saber que la lista de pasajeros de ese vuelo se leía como un quién es quién: además de un par de empresarios de postín iban el cónsul norteamericano Wesley Parson y su agente de inteligencia en Nuevo León, Steve Evans, así como dos hijos del gobernador de Nuevo León, María Emilia, de 23 años, y Luis, de 20, que regresaban a su universidad en la capital luego de pasar unos días en Monterrey con sus padres, recién ungidos como gobernadores interinos. Luego de sobrevolar la ciudad por casi tres horas, el presidente Echeverría ordenó que no se hiciera ninguna contraofensiva. El avión regresó a tierra, el aeropuerto fue rodeado por militares y comenzaron las negociaciones: los guerrilleros solicitaron armas de alto calibre, cuatro millones de pesos, la lectura pública de un manifiesto, así como la liberación y entrega de sus compañeros presos.

Los primeros en llegar fueron los detenidos locales, con Ovalle en camilla, tapada con una sábana blanca, muy débil y apenas consciente. Años después ella lo contaría así:

«Yo caigo con la policía gravemente herida, y aun así me torturan, al grado de que, cuando me ven que estoy malísima, que requiero una operación, ya no me pueden seguir preguntando y me operan».

Otros compañeros fueron llegando desde otras cárceles y cuarteles, y los que estaban escondidos, tras enterarse del golpe por la radio, llegaron como pudieron al aeropuerto. Una vez reunidos los requeridos, el comando pidió que el dinero les fuera entregado personalmente por Juan Urrutia Paura, capitán de la policía estatal y aplicado torturador. Este, como todas las demás personas que se acercaron a la aeronave, desde personal de mantenimiento hasta policías, iba solo en calzoncillos, no solo para hacerlo pasar por la humillación, sino para evitar que llevara armas u otras sorpresas ocultas. Urrutia fue abofeteado y pisoteado, y fue quizá la única persona lastimada en todo el operativo.

Pocos minutos antes de la una les entregaron la autorización y el plan de vuelo hacia La Habana. Antes de despegar, los guerrilleros bajaron a 29 pasajeros —en su mayoría mujeres, ancianos, niños y enfermos— y partieron rumbo al aeropuerto José Martí a las 15:40, con 75 rehenes. Aparte de las azafatas, la única mujer que permaneció a bordo fue María Emilia Farías, la hija del gobernador: «No se asuste —le dijeron—. Nada le va a pasar, pero, a pesar de ser mujer, usted no se va a bajar con las demás, porque con usted aquí estaremos más seguros. No se van a atrever a atacarnos y estaremos a salvo tanto nosotros como los pasajeros». Por la matrícula del avión, XA-TAC, este fue bautizado como Todos A Cuba.

Ya rumbo a La Habana, los secuestrados comenzaron a escribir, en servilletas, hojas arrancadas de los libros que llevaban o donde pudieron, mensajes de despedida para sus familias. Con todo, los rehenes describieron casi unánimemente a los guerrilleros como educados, corteses y articulados. Sorprenderá a algunos que, en un Monterrey conservador y abiertamente hostil a las ideologías de izquierda, esos primeros grupos clandestinos fueran vistos con cierta simpatía. Pero hay que recordar que tenían un enemigo común: el gobierno del presidente Echeverría. Eso cambiaría por completo luego de los secuestros y asesinatos de prominentes empresarios y diplomáticos, comenzando por el de mi tío abuelo Eugenio Garza Sada.

Alberto Sánchez se enteró a cabalidad del accidente de Edna y del arresto de sus compañeros un día antes, recién llegado a Saltillo, adonde lo llamó de urgencia Segovia a una casa de seguridad que el grupo tenía en la calle de Mutualismo. El estudiante de Medicina apenas había comenzado su entrenamiento, pero, justo por ser de reciente ingreso, Sánchez era de los pocos cuya identidad no aparecía en ninguna lista o documento capturado por el ejército, que ya para entonces había ventilado los nombres de los sospechosos en todos los diarios y noticieros del país. Sánchez y José Luis Martínez recibieron órdenes de regresar de inmediato a Monterrey a estudiar el aeropuerto y comprar cuatro boletos en el vuelo de marras. De allí se encerraron en un departamento de la calle Diego de Montemayor, donde Alberto se abocó a cumplir el último requerimiento de Segovia: construir, en una noche y con la ciudad en estado de guerra, una bomba portátil. Le fue imposible. Tomó su maletín de cuero, metió allí unos fierros para hacer ruido y, para darle peso, un grueso tomo de *Los invictos*, de Faulkner. Esa fue la bomba con la cual la LCA realizó su exitoso aerosecuestro, sin contar una sola baja.

José Luis y Alberto llegaron al aeropuerto en taxi, mientras que Germán y Armando lo hicieron en el flamante Maverick, cargado de armas. La instrucción era no juntarse hasta que estuvieran en el aire, pero, al darse cuenta de que el detector de metales había sido retirado, Alberto le hizo una discreta seña a Segovia. Se encontraron brevemente en el baño y decidieron abandonar las maletas cargadas de municiones y llevarse, ocultas en los cinturones, apenas sus armas cortas.

El vuelo a Cuba transcurrió sin incidentes. En el aterrizaje, al filo del atardecer, algunos de los secuestradores se inquietaron, preguntándose si, en vez de a La Habana, habían sido llevados con engaños a Miami: en el aeropuerto no había luz ni señalamientos ni comité de recibimiento para los héroes socialistas en lucha contra la opresión, sino soldados cubanos que, sin miramiento alguno, entraron al avión, tiraron a los piratas al suelo y les quitaron las armas como si fueran de palo, para luego bajarlos a trompicones, ficharlos e ingresarlos a la cárcel, donde permanecieron aislados durante muchos meses. La vieja amistad entre Castro y Gutiérrez Barrios se pagó con creces: además de desaparecerle a México el problema de los guerrilleros, los millones de pesos del botín que habían llevado consigo en el avión fueron prontamente devueltos. Las armas no; esas se quedaron en Cuba, seguramente para abonar a la lucha revolucionaria.

A los pasajeros los bajaron a la sala de espera, a revisión médica; les dieron agua y las sobras de comida de un avión de Iberia que pernoctaba en el José Martí: pedazos de tortilla de patata y chorizos en servilletas de papel de la aerolínea española. El embajador mexicano, Víctor Alfonso Maldonado, llegó para acompañarlos. Los interrogaron largamente, uno a uno, buscando algún agente subversivo que hubiera quedado sin revelar, y de esa sala no se movieron en toda la noche, hasta la madrugada del 9 de noviembre, cuando llegó por ellos un B727-100 de Mexicana, con tripulación fresca, cargado de champaña y caviar, que complementaron los puros y el ron que los pasajeros habían adquirido en el aeropuerto de la isla. Los rehenes fueron recibidos al aterrizar con mariachis, tras lo cual agentes del Ministerio Público los condujeron a habitaciones cerradas para someterlos a largos y tediosos interrogatorios. A los Farías no: ellos fueron prontamente escoltados a una sala privada, a los brazos de su madre, María Emilia Mackey, quien ya los esperaba en el aeropuerto; de allí los llevaron a su casa en la ciudad para declarar, en la comodidad de su sala, ante el mismísimo procurador Pedro Ojeda Paullada. Recargadas en las paredes había coronas mortuorias con sus nombres, que algunos apresurados se habían adelantado a ordenar. Habían transcurrido casi 24 horas desde su despegue de Monterrey.

Para los guerrilleros las consecuencias del secuestro duraron muchos años más. Al aterrizar, Ovalle fue hospitalizada y salvó la vida. A los demás los enviaron a una casa de seguridad para ser interrogados; su estancia allí duraría cerca de una semana. Luego los trasladaron a la prisión de La Cabaña y, después, a uno de los muchos campos de trabajo —que en Cuba se llamaban granjas voluntarias— en el valle de Matanzas. Granjas no eran, y menos voluntarias; allí iban a dar todos los personajes incómodos que, tras los estira y afloja posrevolucionarios, habían quedado en una especie de limbo político: viejos combatientes vueltos detractores o enemigos de los amigos de Cuba que no podían ser catalogados plenamente como traidores o criminales. Ramón Castro, el hermano mayor de Fidel, dirigía ese hospitalario proyecto. Ahí estuvieron cerca de seis meses, bajo la supervisión de Manuel Piñeiro, alias Barbarroja, el comandante encargado de las operaciones internacionales de la dictadura cubana. Como tal, Barbarroja se encargaba de dar entrenamiento insurgente a compañeros nicaragüenses, argentinos, africanos, argelinos, albaneses y vietnamitas en la isla, pero, gracias a los buenos oficios de Gutiérrez Barrios, nunca a los mexicanos.

Ellos querían regresar a su país, a seguir peleando. Pero eso no llegaría a suceder: el Gobierno de México hizo como que pidió la extradición, el cubano hizo como que la consideró y, al final, prevalecieron las negociaciones en lo oscurito. Los muchachos fueron forzados a quedarse en la isla, dejando al Gobierno mexicano en santa paz. Con el tiempo les otorgaron una especie de arresto domiciliario; les dieron trabajos y un piso en La Habana, siempre vigilados y con la salvedad de que, cada vez que llegaba a Cuba un visitante distinguido, un presidente o alguna luminaria internacional, a los compañeros mexicanos los refundían en alguna remota casa de seguridad. En la apoteósica visita del presidente Echeverría, cuando millones se congregaron en el malecón para saludar al mandatario mexicano, banderitas tricolores en mano, sus compatriotas exiliados permanecieron encerrados durante casi 15 días: una semana antes de la visita y otra después. Con el tiempo, el embajador mexicano en Cuba, entonces Edmundo Flores, les anunció un acuerdo: les extenderían un pasaporte a su nombre para salir de la isla, pero con un boleto solo de ida y con destino exclusivo a países satélites soviéticos. Con cargos internacionales de aerosecuestro en su haber, no aceptaron. Algunos se quedaron para siempre en Cuba, pero otros, como Alberto, hicieron una contraoferta: que Cuba y México sacaran las manos y miraran para otro lado mientras ellos mismos se fabricaban pasaportes con nombres falsos. De los 12 que lo intentaron lograron salir apenas cinco; los demás debieron esperar la amnistía que decretaría el presidente López Portillo el 28 de septiembre de 1978.

Fue en ese periodo de libertad a medias en La Habana cuando Alberto conoció a Hilda Guevara. En Cuba tendrían un hijo, a quien nombraron Canek. Canek llegó al mundo un 22 de mayo, recibiendo el nombre del guerrero maya que luchó contra el dominio español. «Nací en La Habana, en 1974, en una casona en Miramar, sobre la Quinta Avenida: en resumen, en plena Aristocracia esquina con

Burguesía», escribiría después. En esa casa vivían también los compañeros de su padre en el exilio que, con pocas excepciones, terminaron abandonando Cuba en cuanto consiguieron el salvoconducto. Años después, la familia de Alberto hizo lo propio, asentándose primero en Milán y después en Barcelona. A México no regresarían sino hasta la amnistía, para inscribir al hijo de 7 años en una escuela llamada nada menos que José Martí. En México nacería su hermano menor, Camilo.

Canek viajaba de manera intermitente con su madre a la isla, aunque sin volver de lleno hasta 1986, a los 12 años; fue entonces cuando comenzó allí la escuela secundaria y se descubrió como el nieto del mítico revolucionario que se venera hasta hoy en Cuba. Ese dios retratado por Korda, presente en todos los edificios, oficinas y hogares cubanos, era sangre de su sangre. El reflejo de esa efigie en sus rasgos y en las expectativas de sus compatriotas lo abrumó desde entonces, al tiempo que lo fascinaría siempre: escudriñaba con interés la hagiografía, pero rechazaba el destino manifiesto que, a los ojos del público, debía conferirle una cierta manera de pensar y actuar. Años más tarde, en entrevista con Tania Quintero, expresaría lo siguiente:

> Ser el nieto del Che fue sumamente difícil; yo estaba acostumbrado a ser yo, a secas, y de pronto comenzó a aparecer gente que me decía cómo comportarme, qué debía hacer y qué no, qué cosas decir y qué otras callar. Imaginen: para un preanarquista como yo, eso era demasiado. Por supuesto, me empeñé en hacer lo contrario.

Pronto abandonó la escuela y optó por dejarse el cabello largo y armar una banda de punk y metal llamada Metalizer, música prohibida en Cuba por «degenerada» y por emanar, como la Coca-Cola y la democracia, de las entrañas del Imperio. Su curiosidad e inteligencia naturales se decantarían por un aprendizaje tan riguroso como autodidacta y por el constante análisis de sus raíces, cargadas de ambivalencia: «Me hice en Cuba: la amé y la odié como solo se puede amar y odiar algo valioso, algo que es parte fundamental de uno...». Hilda moriría allí, de cáncer, en 1995. Al año siguiente, Oaxaca se convertiría en el lugar de residencia de Canek, aunque nunca de forma permanente; cuando lo encontré estaba en Francia, en una granja con su mujer y su hijo, a quienes dejaría para volver a México e iniciar su periplo latinoamericano en pos de los pasos del Che. A La Habana regresaría apenas un par de veces, en visitas muy cortas. A su madre la llamaba Hildita, como a Fidel le decía tío y a su padre Alberto; en el caso de sus padres no por irreverencia, sino por asombro: hasta la amnistía, la clandestinidad nómada lo obligó a conocerlos, a ellos y a la mayoría de sus amigos, por los muchos y siempre cambiantes nombres ficticios del salvoconducto en turno.

La rebelión de Canek nunca fue armada, pero su envergadura fue descarnada y compleja; era un auténtico anarquista y, por lo mismo, un misántropo que escudriñaba a la propia especie como si no le perteneciera. Yo lo admiraba por eso y porque las limitaciones impuestas desde la civilización, en sus manifestaciones matrices como la nacionalidad, la familia y la religión, le parecían sinsentidos.

Nunca le preocupó su apariencia: le bastaba una camisa y un pantalón de lona arrugada en colores neutros, una cola de caballo amarrada con una liga de hule y una barba sin afeites. No cargaba dinero ni parecía necesitarlo. Prefería pasar inadvertido, aunque sus ciento ochenta y tantos centímetros se lo dificultaban. Localizarlo era un ejercicio inútil; su presencia se anunciaba de golpe, con una sonrisa burlona desde la puerta: Canek llegaba cuando llegaba y se iba cuando se iba.

Cuando, después de aquel encuentro con Alberto en el Parque México, finalmente establecimos contacto, me propuso una columna semanal que bautizó como «Diarios sin motocicleta», evocando los viajes de su abuelo en la película dirigida por Walter Salles, en su caso comenzando con un corto preámbulo europeo. Los textos llegaban puntuales, semana a semana, acompañados de unas fotos deslumbrantes y evocadoras en blanco y negro. Sus retratos literarios y visuales tenían un sentido humano redondo y transfronterizo, y trascendían con creces el rígido panamericanismo calcificado, ensillado por la guerra fría, de su abuelo. Firmaba los textos como Canek Sánchez. Pasaría más de un año antes de que se añadiera el Guevara.

Uno de los pocos hombres adultos y sanos en bajarse del vuelo 705 antes de su despegue de Monterrey hacia La Habana fue mi padre. Mi madre se negó a abandonar la cabina sin su marido, armándoles a los guerrilleros una contrainsurgencia en el pasillo que, estoy segura, habría despertado la envidia de la Escuela de las Américas. Cuando, años después, alguien le preguntó a mi madre si no había sentido miedo, ella solo alcanzó a recordar lo guapos que estaban los guerrilleros que intentaron, sin éxito, bajarla del avión.

De ese día solo recuerdo estar en casa, a mis 5 años, tirada en la alfombra viendo la televisión, preguntándome por qué mis hermanos mayores estaban tan serios, tan callados, y por qué habían regresado todos tan temprano de la escuela. Recuerdo mi sorpresa al ver en la pantalla las piernas de mi madre —siempre en sus gruesas medias blancas, con zapatos de tacón— bajándose del avión, seguida de mi padre. No entendía por qué, en todos los canales, en vez de mis caricaturas habituales, solo aparecía el aeropuerto, ni por qué mis papás estaban en la tele si se suponía que en ese momento volaban hacia la Ciudad de México rumbo a su destino final en París.

A Canek siempre le maravilló que ese encuentro fortuito entre mis padres y el suyo, en unas antípodas ideológicas irremontables, germinara en una amistad tan franca entre nosotros. Así lo describió él:

> El último año ha sido particularmente difícil, como si los dioses hubieran lanzado todas sus catástrofes sobre mi modesta persona. Hace tres semanas era un desempleado modelo decidido a dejar de escribir y buscar, de una vez por todas un trabajo de verdad; hoy soy un asalariado al servicio de cierta innombrable revista que me contacta gracias a aquella bitácora que un día consideré torpe y aburrida. La Historia, «ese desfile de falsos absolutos» que describiera Cioran, nos traslada al Monterrey de inicios de los setenta, cuando mi padre, cuarto de diez hermanos de una familia católica, se unió a esos ateos

> comunistas que de pronto brotaron —como las flores y el sarpullido— por el país entero. Con ellos participó en un acontecimiento que a la postre lo llevaría a Cuba: el secuestro del vuelo 705 de Mexicana de Aviación [...]. En La Habana, mi padre conoció a una linda jovencita que, según cuenta la leyenda, lo hipnotizó con sus profundos ojos negros: ella era hija de uno de los comandantes de la revolución cubana, reconvertido tras su muerte en ícono de la subversión internacional —su rostro puede verse en camisetas, pósters y muros de todo el orbe globalizado— [...]. La ironía, sin embargo, no radica ahí, sino en el vuelo 705. Uno de los ciento diez pasajeros que abordaron aquel avión es el padre de mi actual patrona; es decir, de la directora de la revista en cuestión. Si decidiera escribir esta historia (no lo he hecho ni pretendo hacerlo) nadie me creería. Puedo oír ya los comentarios de mis amigos: «ese Canek, siempre tan mitómano». Insisto, empero, en que esta historia es tan real como la mejor de las ficciones.

Alrededor de 2012 di por terminado mi trabajo en *Milenio* y dejé la Ciudad de México —y el país entero— por Nueva York. Menos de un año después, el periódico cerraría el semanario y con él los «Diarios sin motocicleta», que fueron a parar a algún lugar de Perú. No perdí el contacto con Canek, quien se había acostumbrado a mi manera de editarlo y solía enviarme sus textos para revisiones informales. Hasta que murió en la Ciudad de México, en una fallida cirugía de corazón, el 21 de enero de 2015. Tenía 40 años y nunca he entendido por qué, entre todos mis muertos, es uno de los que más duelen.

NUESTRO PADRE

Entre las muchas herencias malditas del asesinato del tío Eugenio se cuenta la de fertilizarles el campo a los Legionarios de Cristo, hecho que, además de mermar no pocas fortunas, cambiaría para mal y para siempre la tesitura de la ciudad. La flamante orden aprovechó el miedo y la orfandad sentida por una sociedad que no sabía vivir fuera de sus añejas estructuras verticales y paternalistas; irónicamente, la desmedida influencia que la Legión llegó a ejercer sobre Monterrey fue facilitada, además de por el atentado, por la previa expulsión de los jesuitas decretada por el tío Eugenio, una que dejó a la clase alta regiomontana huérfana de guías espirituales y atemorizada ante un mundo que desgajaba con fruición sus enquistados cánones. Como, luego del paso de Maciel por sus seminarios, los jesuitas conocían muy bien sus perversiones, el michoacano siempre temió a los de la Compañía, envenenando contra ellos todos los oídos a su alcance; llegar a un lugar donde los ignacianos ya fueran anatema debió de parecerle una bendición.

Con los jesuitas fue satanizada también la orden de las religiosas del Sagrado Corazón de Jesús, las monjas de la infancia de mi madre, que en algún punto de la posguerra cayeron bajo la tutela de la Compañía. La influencia de sus confesores las despojaría tanto de sus osificados prejuicios preconciliares como del severo hábito negro que, desde su fundación, las cubría de pies a cabeza, y optarían en su lugar por un simple velo o pañoleta sobre la ropa. Cuando sucedió la defenestración regiomontana de sus tutores, muchas abandonaron los votos: algunas para integrarse a la vida civil y casarse, no pocas veces con quienes habían sido sus confesores; otras, para lanzarse a la clandestinidad. Ante semejante libertinaje y a la sombra del asesinato del tío, a fines de 1973, mi madre decidió sacarme, a mitad del segundo año de primaria, del Mater Admirabilis —como se llamaba su escuela— para ingresarme al recién inaugurado plantel de los Legionarios de Cristo: el Centro de Educación y Cultura del Valle, S. C., que todos conocíamos como el irlandés de niñas. El sitio ofrecía blindar a las señoritas de buenas familias de los peligros de la teología de la liberación, del feminismo y de toda idea moderna —o de toda idea, a secas—, y era hermoso: jardines cuidados, edificios de ladrillo con pisos de marmolina y maestras irlandesas, pelirrojas y pecosas que, aunque yermas de erudición, impresionaban a los padres de familia con un acento que oídos un tanto rupestres interpretaban como elegante, casi británico.

Podía faltar todo menos la foto del rubio Maciel, con la mirada en fuga hacia el infinito, al frente de cada salón. Mis experiencias en ese colegio, primero como alumna y después como efímera maestra, me enseñaron que su finalidad no era propiamente nuestra educación, sino el reclutamiento de almas y de dinero. Una de las comunicaciones de la dirección general en México al entonces joven sistema de colegios instruía pedir así un aumento de colegiatura:

> Punto esencial [...] es la preparación psicológica de los padres de familia. Que sepan que vamos a tratar de salir adelante en lo que resta del curso, pero que esto nos va a suponer fuertes compromisos bancarios. Que vamos a endeudarnos y que podemos llegar a la quiebra. X me sugirió la idea de confiar esta noticia a las secretarias y cajeras de los diversos planteles, para que ellas se encarguen de irla comentando y difundiendo entre los padres de familia.

Quienes pasábamos allí los días pronto entendimos que, para los guías morales de nuestros padres, el máximo rasero personal —el único de valía— era el respaldo acrítico y total a los Legionarios de Cristo y a su fundador. Esas escuelas eran apenas la primera parada de un chantaje reforzado a lo largo y ancho de las vidas locales: además de asentar su tutela sobre los hijos y nietos de la casta dorada, la orden colocaba en cada sala patriarcal a algún incondicional con la misión de ganarse el favor y la confianza de cada empresario de peso, o de cada señora de alcurnia con poder de veto social y, con suerte, reclutar para la orden a algún heredero. Alfonso Romo le fue encargado a Bruno Ferrari; el padre Peter Coates se dedicó durante décadas a encantar a las esposas más encumbradas de Monterrey, y el padre

John Devlin, custodio de los peores secretos del fundador, llegaba cada semana o cada dos a cenar opíparamente a mi casa, de donde no salía sin haberse bebido al menos una botella entera de *whisky*. El mecanismo rebasaba la esfera regiomontana: Maciel aparece con frecuencia en las fotos de bodas y bautizos de las familias Slim y Azcárraga. El legionario Carlos Mora fue confesor de la madre y de la hermana de José López Portillo y capellán de Los Pinos durante esa presidencia. Daniel Sada, el hombre de la Legión en Madrid, tuvo la venia de personajes como Ana Botella, esposa de José María Aznar, mientras mi hermano legionario cortejaba lo que quedaba de los Habsburgo en Alemania. Todos ellos vertían en los oídos de sus blancos designados el veneno o la miel, dependiendo de la generosidad o la inquina de los aludidos con la Legión: a la mujer por ellos ensalzada se le invitaba, de la noche a la mañana, a los mejores eventos sociales, y el muchacho recomendado veía cumplidos sus sueños de trabajar en las firmas más grandes, logrando citas con las solteras más guapas. Por el otro lado, caer de la gracia de la orden significaba el cierre de todas las puertas, profesionales y sociales.

No hacen falta muchas luces para advertir cierta similitud entre este proceder y el trato que se le daba a quienes, en los tiempos del tío Eugenio, cuestionaban sus decisiones o ideas. Tampoco está de más señalar algunas diferencias: la utopía conservadora regiomontana original, al margen de la tozudez autoritaria de su entonces testaferro insignia, distinguía a los habitantes del Cerro de la Silla como conservadores y rezanderos, sí, pero también como honestos, francos, trabajadores e inventivos. Con la llegada de los Legionarios, esos rasgos, en vez de pasar a ser una mejor versión de sí mismos, amplificaron su peor ángulo y convirtieron a la ciudad, de la noche a la mañana, en el reino de la más desvergonzada simonía. Es cierto que Garza Sada trataba de imponer una regla católica, estrecha y conservadora, como el único camino, pero su moneda de cambio era un bienestar y una prosperidad muy concretos; los Legionarios de Cristo, en cambio, ofrecían, a cambio de la misma censura y de un oscurantismo mayor, las lentejuelas del catecismo más palurdo en el discurso y un tráfico de favores desvergonzado en los hechos. Poco tardó en tejerse en mi ciudad una red de cobardes complicidades que castigaba a la gente medianamente crítica o simplemente decente para favorecer ya no al mérito, al esfuerzo o a la genuina devoción, sino a los peores hipócritas y oportunistas, donde la adhesión ciega a una institución carente de escrúpulos emergió como el único eje moral de la ciudad, apuntalado por un corifeo de sicofantes medrosos.

Maciel nació en Cotija, Michoacán, el 10 de marzo de 1920. Allí está enterrado hoy, habiendo dejado en mera tentativa, en los sótanos de la casa madre de la orden en Roma, el millonario mausoleo que tenía proyectado cuando aún soñaba con ser declarado santo. El chico rubio, de ojos claros y modales delicados, se convirtió en la niña de los ojos de Maura, su madre, y en el blanco de las burlas de Francisco, su padre, y de sus hermanos mayores, quienes con frecuencia lo golpeaban. «Para que se hiciera hombrecito», lo mandaron a vivir un par de meses al campo, donde poco tardaron los arrieros en abusar del niño, que tendría entonces unos 12 o 13 años. Quizá por eso rara vez mencionaba a su familia, con la excepción de su madre, a quien los Legionarios empujaron hacia la beatificación en preparación de la anhelada canonización del hijo y fundador. Maura Degollado Guízar es descrita por quienes la conocieron como una mujer de devota pequeñez, con los dedos permanentemente manchados por la nicotina y aficionada al *whisky* en sus tardes de canasta. Quiso ser monja teresiana, pero, a exigencia de su padre, Santos Degollado, debió resignarse, apenas adolescente, al matrimonio con Francisco Maciel, veinte años mayor que ella y hecho a la usanza de los buenos machos mexicanos; luego de darle un montón de hijos, su marido la abandonaría por una costeña salerosa, «una prietita», como le diría la despechada.

Estudiábamos la vida de Maura en el catecismo de los colegios legionarios como ejemplo de perfección femenina. A ella aludía el fundador cuando explicaba los orígenes de su llamado al sacerdocio: le mandó fabricar una capilla en miniatura para que jugara a oficiar, con todo y sus veladorcitas, crucifijos, altares, copas de consagrar y patenas, todo a tamaño infantil, como una casita de Barbie cristera. Esos juguetes, que se conservaban en el museo de la orden en la casona de Cotija, me fueron encomendados para limpiar y restaurar en el verano de 1982 cuando, por invitación de mi hermana consagrada, el fundador me propuso unirme a la Legión de Cristo.

Maciel entró al noviciado a los 16 años con el patrocinio y apoyo de sus encumbrados parientes en la Iglesia mexicana: sus tíos obispos Rafael Guízar y Valencia y Francisco González Arias. Guízar y Valencia moriría de un ataque al corazón el 6 de junio de 1938, justo un día después de tener una violenta pelea con su sobrino de 18 años, luego de que dos mujeres vecinas se hubieran ido a quejar con monseñor de los extraños ruidos que salían del cuarto de su entenado cuando este llevaba niños allí. A pesar de todos sus contactos en la Curia, Maciel fue expulsado de cuanto seminario pisó: el de Cuernavaca, en México; el de Montezuma, en Estados Unidos, y el de Comillas, en España. Nunca aprendió latín, su cultura general era más bien pobre y su ortografía, siempre deficiente. Nada de ello impidió que González Arias lo ordenara el 26 de noviembre de 1944 en la Basílica de Nuestra Señora de Guadalupe. Un mes después, el obispo recibiría la primera acusación formal contra su sobrino por parte del padre de uno de sus pupilos, Luis de la Isla, quien confesó que el fundador le pedía constantemente que lo masturbara. No sería la última. Ninguna de esas quejas llegaría al Vaticano ni se haría pública.

Para sostener su naciente obra y ganarse la venia de quienes podían procurarle protección e impunidad, Maciel comenzó a relacionarse con las clases acomodadas de la Ciudad de México. José Barroso, entonces presidente de la Cruz Roja Mexicana, le dio sus primeros 50 000 pesos y, más importante aún, le presentó a sus amigos. Rápidamente, el fundador se hizo de un terreno espectacular, de una cuadra completa, donde se asentaba una mansión con lago privado y alberca que se convertiría en su primera casa apostólica en Tlalpan: la hermosa y arbolada quinta Pacelli.

Después de un par de intentos de fundación cancelados o suspendidos por las sospechas que Maciel seguía despertando en ciertos salones de la Curia, el 12 de junio de 1948 llegó finalmente a México el decreto de erección canónica de los Misioneros del Sagrado Corazón y de la Virgen de los Dolores. El ya oficialmente fundador oficial, decidió entonces acercarse al centro del poder de la Iglesia y se trasladó a Roma. Ya con un flujo de recursos más o menos constante de sus donadores mexicanos, Maciel comenzaría su costumbre de repartir paquetes de dólares a los cardenales más influyentes «para sus obras pías». El cardenal Valerio Valeri, uno de los blancos de su generosidad, le sugirió cambiar el nombre original por el que hoy conocemos: Legionarios de Cristo.

La fortuna le sonrió al michoacano hasta 1954, cuando el arzobispado mexicano supo, por Federico Domínguez, secretario particular de Maciel, de su adicción a la morfina. En Europa se había aficionado a consumirla, contrabandeando entre España, Italia, México y Francia su carga de Dolantina, ayudado involuntariamente por sus jóvenes seminaristas, quienes le cargaban entre fronteras su maletín de cocodrilo que, una vez pasada la garita, él reclamaba de regreso. La Santa Sede abrió una investigación y lo separó de la dirección general, misma que le fue devuelta poco después sin una raspadura; cínicamente, la orden llamó a ese periodo la «Gran bendición», por las innumerables gracias que —decían— Maciel había recibido al soportar con humildad ese martirio enviado por el maligno para tratar de detener su santísima obra. No pocos de esos muchachos recuerdan cómo Maciel solía salir de su recámara por la madrugada, sudoroso y desgreñado, después de proferir durante toda la noche tremendos alaridos. Sosteniéndose apenas del marco de la puerta, los miraba y les decía que «el maligno había estado en esa ocasión particularmente fuerte». El ardid, calculado para retratarlo como un hombre en contacto directo con la divinidad y enemigo personal del demonio, servía también para encubrir los efectos de sus intoxicaciones. Para sus adeptos, los frecuentes desprendimientos de Maciel de la realidad solo podían significar los éxtasis místicos de un santo varón.

La espiral de abuso —de sustancias y de cuerpos— no haría sino crecer al amparo del tiempo y de la impunidad. Habiendo consolidado entre sus seguidores y benefactores su reputación de místico y santo, Maciel cerró la pinza alrededor de las conciencias al amparo de complicidades sexuales, en el caso de sus víctimas, y pecuniarias y de poder, en el de la alta sociedad mexicana, que encontró en ese sacerdote alto y rubio el antídoto perfecto al nacionalismo revolucionario de un Luis Echeverría que osaba retratarlos como explotadores en vez de como elegidos. Maciel nunca tuvo grandes vuelos intelectuales, pero esos días, cuando llegaba a hundirse entre los brazos de Maurita luego de haber sido azotado por sus hermanos, le enseñaron a leer y a manipular a su favor las debilidades humanas. Y en el Monterrey de mi infancia, estas eran abundantes.

Poco después de la muerte de mi padre, a principios de los años noventa, Maciel llegó a Monterrey pidiendo visitar a mi madre. La ocurrencia no era inusual: en sus manuales no escritos, la orden conminaba a sus miembros a frecuentar de manera particular a las viudas recientes, a los huérfanos o a los enfermos graves, en el entendido de que quienes sufren o tienen presente el destino final de sus almas tienden a desprenderse de sus bienes con mayor facilidad. Lo atípico era la presencia del mismísimo fundador, que en el caso de mi familia se explicaba porque papá siempre fue muy generoso con él; porque, además de tener en su establo a una de mis hermanas, otro hermano era entonces vicario de la orden y su financiero en jefe; y porque no pocos de mis otros hermanos, aunque laicos, veneraban a Maciel con un fanatismo envolvente. Algunos aún lo hacen.

Quien nunca cayó en ese garlito fue mi abuelo Roberto. Habiendo pasado de niña largas horas jugando calladamente en su alfombra mientras él recibía una y otra visita, puedo decir que consideraba a Maciel falso e impostado. Por más que trató, el michoacano nunca pudo cortar ni una flor de su jardín. Agradezco que mi abuelo haya muerto antes de ver cómo el cura luego se desquitaría, con furia, con las carteras de sus hijos y nietos.

Ese día, cuando Maciel llegó a casa de mi madre con la excusa de darle el pésame, luego de instalarse entre los dos efebos que habitualmente lo flanqueaban, no perdió tiempo en recordarnos lo que nos había escrito a cada uno de los hermanos poco antes. Lamentaba, entre otras cosas, cómo la constante falta de fondos obligaba a las señoritas consagradas a cortar sus vacaciones para «salir a pedir limosnas». Transcribo lo demás:

> Yo quisiera invitarte, Roberta, a dar continuidad a la obra benéfica de tu papá. Pienso que posiblemente podrías ir asignando alguna cantidad, en la proporción y en los tiempos en que te sea posible, para colaborar en la creación de este fondo patrimonial [...]. Estoy escribiendo también a tus hermanos. Tengo una gran confianza en la generosidad de todos ustedes y en su deseo de rendir este homenaje a su papá, quien desde el cielo tendrá que bendecir todo lo que ustedes hagan por seguir apoyando a la Iglesia y a la Legión, como lo hizo él durante toda su vida.

Maciel estaba ese día visiblemente intoxicado. Quizá por eso pasó de glosar a mi padre a un monólogo lleno de insultos hacia mi abuelo: si el hijo había sido un ejemplar cristiano, el padre era tacaño, corto de miras y desinteresado de las buenas obras. Pasmada, miré a mi alrededor y solo vi caras arrobadas por el hechizo barato del michoacano. La cercana y cariñosa relación que siempre tuve con mis abuelos me impidió quedarme callada, y le repetí al cura lo que antes le había contestado por escrito: que la estatura moral de una persona no se medía por su relación con él o con su obra, y que no me parecía que hablara así de mi abuelo, en mi casa. Nadie se movió hasta que el invitado soltó una risita, cambió el tema y se perdió poco a poco en un sopor químico del que ya no salió en toda la tarde.

El cura no se fue con las manos del todo vacías: mi madre tenía un anillo, un diamante solitario y hermoso, que no se quitaba jamás. Se lo había regalado mi padre muchos años atrás, luego de que ella le entregara su propio anillo de compromiso a mi hermano mayor para que este pidiera la mano de su ahora esposa. Poco después de la muerte de mi padre ya no lo vimos más entre sus dedos: se lo hizo llegar al michoacano junto con otros bienes que hasta entonces habían dormido en la caja fuerte de la recámara de papá. Nunca he podido averiguar qué pasó con esa piedra, pero cada vez que me la imagino en la mano de alguna de sus favoritas mi sangre se vuelve amarga.

Una de ellas, la protagonista principal de la vida amorosa de Maciel, fue Norma Hilda Baños. Lo conoció en Acapulco a los 13 años de edad, a través de su hermano. El fundador descansaba con frecuencia en el puerto y el chico fue una de tantas mariposas callejeras atrapadas por el depredador. Cuando Norma cumplió 16 años, Maciel se llevó a ambos a Roma; para los padres de la chiquilla, de escasos recursos y abundantes hijos, la beca resultó una bendición, y no hicieron demasiadas preguntas. Norma se mudaría pronto a la capital española, aunque durante muchos años su benefactor la llamó a Roma casi cada fin de semana para hospedarla en el Sheraton del aeropuerto, adonde él era conducido desde el seminario de Vía Aurelia fingiendo ir allí para tomar algún vuelo. Norma buscó durante años desesperadamente concebir, sometiéndose a tratamientos de fertilidad, hasta que en 1985, a sus 26 años, finalmente dio a luz a una niña a la que daría el apellido Rivas. José Rivas era el seudónimo favorito de Maciel, y Norma se dirigió a él siempre como José, incluso frente a las consagradas y los legionarios que los acompañaban en su cada vez más abierta vida en común dentro de la orden. Alrededor del quinto cumpleaños de Normita, Maciel la llevó a recibir la bendición de su papa de cabecera, Juan Pablo II, acompañada de otro de sus hijos, Raúl González Lara, este de 8 o 9 años e hijo de Blanca Lara, otra de sus mujeres. Hay una linda foto de ambos niños, tomada por el orgulloso padre, donde Raúl posa serio y derechito, de trajecito sastre, junto a Normita, en un vestido blanco de encaje, con hombros de globo, sombrero y calcetines tejidos a juego, ambos de la mano de un guardia suizo.

Norma puede tener el consuelo de saber que ella siempre fue la favorita: cuando, recién muerto el papa Juan Pablo II, Maciel fue enviado en 2006 a «una vida de oración y penitencia», las dos Normas, un par de curas y un puñado de señoritas consagradas se dedicaron a atender a quien, en privado, renegaba cada vez más de su supuesta vocación, mientras que en público sus voceros afirmaban que aceptaba la condena papal «con humildad», como «una nueva cruz». Esa cruz la paseaba el cura alegremente entre México, España e Italia, en sus casas particulares o en estupendos hoteles, interrumpiendo la feliz penitencia solo cuando una afección del páncreas hizo imposible continuar su periplo. Con principios de demencia fue recluido en una casa en Jacksonville, Florida, aislado de ojos indiscretos y atendido día y noche por las directoras de sus señoritas consagradas y por la plana mayor de los Legionarios, entre los cuales estaba mi hermano. Norma, quien nunca terminó la primaria, aprovechó para confesarse con ellos y tomar clases de catecismo.

La última foto de las dos mujeres con Maciel se tomó en la capilla de la casa de la orden, en México, durante el velorio del compañero y padre. Norma pone suavemente sus dedos sobre los del muerto, quien lleva un crucifijo entre las manos, cruzadas al pecho. Delata la irregularidad de la tierna escena el hecho de que el cadáver exquisito fuera vestido con todas las galas, encajes y brocados del cargo sacerdotal.

A más de una década de su muerte, las denuncias de violencia sexual y emocional en el seno de su obra, en sus escuelas y seminarios, no dejan de llegar. Todas han sido encubiertas y negadas de la misma forma y por los mismos cómplices que antes cobijaron al michoacano; los mismos que hoy siguen conformando orgullosamente las direcciones y participando en los capítulos generales. Esos que, al tiempo que decían admirar la supuesta muerte en olor de santidad de «Nuestro Padre», hacían lo posible por esconder la existencia de Norma y de Normita y, en particular, la de su segunda familia mexicana.

Marcial Maciel tenía 56 años cuando, bajo el ya conocido nombre de José Rivas, se le presentó a fines de los años setenta ante Blanca Lara, una joven de 19 primaveras que muy pronto llegaría a venerarlo: «Eres mi dios», le diría una y otra vez. Cuando se conocieron, ella ya era madre de Omar, un bebé de meses nacido de un matrimonio recién disuelto. Luego llegarían Raúl y Cristián González Lara, quienes vivieron una infancia como la de cualquier niño mexicano con padre ausente: desde Tijuana, donde había conocido a Blanca, el cura los instaló en una casa en Morelos, visitándolos un par de veces al año. Raúl, en los días indicados, se sentaba en las escaleras a esperar emocionado la llegada de su progenitor, quien, curiosamente, nunca se quedaba a dormir en la casa familiar.

La generosa manutención de esas familias no pasaba por las estructuras financieras propiamente dichas de la Legión. Para ello Maciel mismo —o el padre Devlin en su nombre— les pedía de tanto en tanto a sus mayores y más incondicionales benefactores donativos sustanciales, de cientos de miles de dólares, para proyectos especiales y secretos, supuestamente encomendados por el mismísimo Juan Pablo II al fundador. A esto hay que sumarle las donaciones y regalos personales, esporádicos o no, como los que recibía puntualmente en su cumpleaños y en el día de su santo, cuando las señoritas consagradas competían para ver quién le juntaba de entre los alumnos, benefactores y padres de familia la mayor alcancía, siempre en efectivo.

Al conocer a Blanca, el sacerdote le dijo que era un hombre viudo en busca de una jovencita para rehacer su vida; que viajaba mucho por su trabajo como agente de la CIA, detective privado y ejecutivo de la petrolera Shell. Adoptó a Omar al nacer Raúl, el primogénito, y para registrarlos presentó un acta de nacimiento que no decía Rivas, sino Jaime Alberto González y Rodríguez, nombre de uno de sus pasaportes falsos, expedido en febrero de 1985 en Tulancingo, Hidalgo, que Maciel usaba en sus escapadas internacionales. Explicaba las identidades múltiples por su supuesto trabajo como espía.

Una solicitud de transparencia que hice a la CIA en 2023 negó cualquier relación oficial con el sacerdote mexicano, pero no resulta descabellado pensar que, en los peores años de la Guerra Fría y con sus abiertas filiaciones ultraderechistas, el fundador se hubiera dedicado a bordarles cuentos infamantes a sus colegas del ala izquierda en los oídos de las autoridades y de los poderosos a los cuales tenía acceso. Lo que sí consta en actas, recogido parcialmente en un reportaje de *El Universal* de 2019, es que fungía gustosamente como soplón: en el Archivo General de la Nación existe una deposición ante la Dirección Federal de Seguridad donde se registra que el sacerdote Marcial Maciel hizo entrega el 29 de julio de 1972, de un documento dirigido a Mario Moya Palencia, secretario de Gobernación bajo Luis Echeverría, con siete nombres de miembros de su orden que habrían desertado para incorporarse a la Compañía de Jesús y que, según el declarante, habrían ido a Palestina a entrenarse para perpetrar actos terroristas en México. La denuncia nunca prosperó, pero Maciel no se dio por vencido y buscó durante meses, sin éxito, entrevistarse personalmente con el secretario de Gobernación o con el presidente Echeverría para seguir enlodando esas aguas.

La cartera personal, paralela y fraudulenta que Maciel obtenía de regalos y donativos que mantenía fuera de los libros contables de la orden le permitió ofrecer a sus parejas y a sus hijos vidas holgadas. Los viajes familiares eran frecuentes y placenteros, en particular a partir de 1989, cuando Maciel invitó a Raúl a Roma y lo recogió en el aeropuerto en su hermoso Mercedes azul. De allí lo llevó a un departamento donde vivían varias mujeres, una de las cuales sería desde entonces «su tía Norma», y una bebé de apenas un año, a la que Maciel presentó como su hermana. El piso se compró poco después de que ella naciera, para que el cura pudiera pasar más tiempo cerca de la niña sin desplazarse por la capital italiana.

Después de una de esas vacaciones de verano en las costas italianas, donde Maciel vestía de civil, turisteaba con la familia y jugaba a la casita, Raúl fue enviado a estudiar a Dublín. Allí recibió una invitación de su padre para pasar un fin de semana en Londres y conocer a otro hermano, Kevin; una vez en la capital inglesa, el cura dispuso que esa reunión no se concretara, pero lo llevó de paseo y le compró una revista *Playgirl.* Ya en el hotel abrió las páginas, se las mostró y le ordenó desvestirse, agarrarse el pene y moverlo, bajándose él mismo los pantalones para «enseñarle cómo».

Los abusos se prolongaron por casi una década, cada vez más graves. Meses después, Raúl voló a Madrid para encontrarse con su padre y con su hermano Omar. Estando con ellos en la habitación, Maciel se recostó en la cama, se desnudó y les dijo que, cuando era niño, sus tíos lo obligaban a masturbarlos y que ahora ellos tendrían que hacer lo mismo con él. Ordenó al menor que lo tocara mientras instruía a Omar para que tomara fotografías, con el cura haciéndose el dormido mientras los niños lo manipulaban. Les hizo repetir la escena cada noche, acumulando un montón de instantáneas que guardaba en su famoso portafolio de cocodrilo.

Terminados esos viajes, los niños regresaban a casa y Maciel volvía a sus seminarios en Roma, en la Ciudad de México o en Madrid, a ponerse la sotana y a seguir alimentando una hagiografía que lo presentaba como mártir y santo en vida para el extático consumo de sus donadores y devotos.

No recuerdo la primera de las muchas veces en que, durante mi infancia, vi a Maciel, pero pronto se convirtió en una constante en mi familia y en mi ciudad: una conciencia omnipresente que normaba el actuar y el pensar de mi patria infantil con puño de hierro. Hablaba poco, apenas un par de frases hechas que remataba mirando a lo lejos, como en éxtasis, provocando en mi madre y en otras hastiadas señoras de sociedad una adoración hipnótica y furiosa. Ese hombre, a quien ellas veían como divino, que tantos dolores y ataques sufría por las almas, la Iglesia y el mundo, les ofrecía la posibilidad de lograr una aparente trascendencia fuera de la férula doméstica, algo que no se percibía como transgresión de género y que quizá, si se esforzaban lo suficiente, podría conducirlas a los mismos arrebatos de pasión espiritual que imaginaban en los ojos del cura.

Maciel llegó a fundar desde un martirio imaginario su obra máxima, su gran e impenetrable nicho de poder y manipulación:

> A menudo, el descrédito lamentable y el alejamiento de cuantos dudaban de su recta conducta, así como la errónea convicción de no querer dañar el bien que la Legión estaba llevando a cabo, habían creado a su alrededor un mecanismo de de-

> fensa que le permitió ser inatacable por mucho tiempo, haciendo consiguientemente muy difícil el conocimiento de su verdadera vida.

Así lo señala uno de los documentos liberados tras la segunda y definitiva visitación apostólica a la Legión, dictada en 2009 por Benedicto XVI.

No se entiende la impunidad del pederasta sin la complicidad de las élites mexicanas que, a cambio de los espejismos que este les vendía, lo apuntalaron contra quienes intentaron advertirles de la serpiente que anidaba en su seno. La verdad que hoy conocemos debemos agradecérsela en buena parte a la tenacidad de ocho denunciantes que padecieron durante toda su vida el peso de la Legión y de la gente con poder dispuesta a usar su músculo para aplastar a quienes eran señalados como enemigos del que gustaba hacerse llamar Nuestro Padre: Félix Alarcón Hoyos, José de J. Barba Martín, Saúl Barrales Arellano, Alejandro Espinosa Alcalá, Arturo Jurado Guzmán, Fernando Pérez Olvera, José Antonio Pérez Olvera y Juan José Vaca Rodríguez. Solo uno de los signatarios originales, Miguel Ángel Díaz Rivera, se retractaría después, con grandes fanfarrias por parte de la orden. A la fecha, si bien la cúpula de la Legión ha reconocido tardíamente —obligada por la defenestración del fundador— que estos hombres nunca mintieron, ha sido omisa en tenderles la mano y mezquina en sus reparaciones.

La madeja comienza con Juan Manuel Fernández Amenábar, ciudadano español que a los 12 años se convirtió en uno de los primeros reclutas europeos del fundador y también en una de sus primeras víctimas. El testimonio de sus vejaciones fue recogido cuando, tras dejar la orden, deshecho moral y físicamente, agonizaba en el Hospital Español de la Ciudad de México, habiendo sido borrado de la historia de la Legión a pesar de haber llegado a sus más altos puestos directivos, incluida la rectoría de la Universidad Anáhuac. Lo conocí de adolescente, cuando ofició la boda de mi hermano mayor a fines de los años setenta, aunque mis ocasionales preguntas sobre su paradero, a partir de su desaparición de las fotos oficiales, se toparon con miradas evasivas. Se lo habría llevado todo a la tumba de no ser porque una pareja de exalumnos, al tanto de su estado crítico, le pidió a otro sacerdote, el diocesano Alberto Athié, que lo visitara para reconfortarlo. Athié no podía imaginar el abismo al que lo arrastraría ese gesto caritativo. Aquella conversación no fue confesión: Amenábar rehusaba cualquier sacramento, cualquier acercamiento a su vida anterior. Pero lo corroía el agravio, exacerbado cuando, semanas antes, vio en las noticias a Juan Pablo II nombrar a Maciel, por todo lo alto, «guía eficaz de la juventud».

Athié escuchó, atónito, el cuento de horror de la enfermería. Maciel llamaba allí a sus víctimas, donde lo encontraban recostado en la camilla. Les decía que padecía terribles dolores en el bajo vientre y que, por la importancia de su misión, Pío XII les había dado a unas monjas —que no habían podido acudir ese día— dispensa para que lo masajearan, pues aquello calmaba su sufrimiento, mientras conducía las manitas de sus pupilos cada vez más cerca de su pene.

En una de sus últimas conversaciones, Amenábar le dijo al diocesano: «Perdono, pero pido justicia». Athié repitió esa misma frase al oficiar la misa fúnebre del español, en febrero de 1995. Al terminar, los exlegionarios presentes —compañeros de vejaciones desde la infancia— entendieron perfectamente el sentido de las palabras de su antiguo amigo. Después de la misa se acercaron para decirle al oficiante que ellos también, como muchos más, habían sido abusados. Como calcadas, brotaron las historias compartidas: las de la enfermería, las de la morfina, las de las confesiones a modo. A pesar de la abundancia de testimonios y del grueso registro histórico de las perversiones del fundador en los cajones vaticanos, todos los intentos por detener la conducta criminal de Maciel fueron suprimidos mientras vivió Juan Pablo II. Angelo Sodano, secretario de Estado del papa polaco, le diría como epitafio a la abogada canonista Martha Wegan, cuando esta intentó llevar el caso contra Maciel ante la justicia canónica: «Es mejor que ocho hombres inocentes sufran a que millones de fieles pierdan la fe».

Poco después del cambio de milenio, tras haber publicado ya un par de textos tibios sobre Maciel y la Legión, acepté una invitación de los exlegionarios a tomar café. Lo hice a pesar de un terror difícil de explicar: en esas fechas mi recelo hacia la Legión de Cristo no era secreto, pero entrevistarme con quienes la orden —y mi familia en particular— calificaban como enviados de Satán era asunto aparte. En una entrevista de 2013, José Barba afirmó que dedicó buena parte de su vida «a buscar castigo, pero sin venganza» para quien durante más de una década fue «el abusador de su cuerpo y el modelo de su alma». Cuando lo vi, supe de inmediato —a pesar de los insultos y descalificaciones que por años inmisericordes le prodigó la Legión— que estaba diciendo la verdad.

Ante la imposibilidad de obtener justicia, civil o eclesiástica, los ocho decidieron contactar al periodista Jason Berry, quien ya en 1992 había publicado *Lead Us Not Into Temptation*, revelando con lujo de detalle los mecanismos de encubrimiento institucional del Vaticano en perjuicio de las víctimas. El artículo firmado por Berry y Gerald Renner apareció en febrero de 1997 en *The Hartford Courant*. En México el texto fue silenciado en casi todos los medios, y los declarantes quedaron fulminantemente señalados como demoniacos o extorsionadores por la orden y por sus cómplices en el Gobierno y en las cúpulas empresariales. Con todo, esa primera pieza formal denunciando públicamente al abusador fue la gota que comenzó a erosionar el imperio del monstruo de Cotija.

Tuve el gusto de encontrarme con Jason cuando, poco después del año 2000, me invitó a hablar con él si pasaba por el sur de Estados Unidos. Sin pensarlo demasiado, acepté, sintiendo de inmediato en la boca del estómago una punzada hecha de pánico y culpabilidad. En esos años la orden estaba en la plenitud de su poder; mi familia los consideraba santos en la tierra y yo vivía casada con alguien que no se cansaba de glosar sus buenas obras, matando mis constantes dudas de un plumazo. Si los ocho merecían en mi entorno inmediato todo el desprecio, Jason era calificado abiertamente como instrumento del demonio, un escandaloso que había causado un daño incalculable a la Iglesia y a «Nuestro Padre». Para no levantar sospechas —y con el beneplácito necesario de mi entonces marido para salir de la ciudad sin su compañía, como se acostumbraba entre las mujeres de mi natal San Pedro— una amiga se ofreció a acompañarme en un supuesto viaje de compras a Houston, a modo de coartada.

El encuentro desató una cascada de dardos éticos que me torturaron durante años. Por un lado, sentía la necesidad urgente de hablar, de contar las contradicciones y mentiras que solo yo parecía ver, ante públicos que no me miraran como a la loca de la casa. Por el otro, me sentía un monstruo desleal a mi familia, a mi buena sociedad y, sobre todo, a los santos sacerdotes a los que —me decían— tanto les debía en educación y formación. Y luego, claro, estaba la amenaza del infierno, ese que, cuando crees en él, quema dos veces.

La entrevista me dejó agotada y, con las luces mentales apagadas, llevé al pobre hombre al aeropuerto equivocado y perdió su vuelo. Regresé a Monterrey con una neuralgia que no me soltó durante semanas. Más allá de lo mucho o poco que pude decirle a Jason, el verdadero cruce del Rubicón fue enfrentar los horrores que a lo largo de los años había entrevisto o sospechado y que, tras haber sido minimizados o justificados por mis interlocutores habituales, me fueron confirmados por su testimonio, sus pruebas y sus años de indagatorias precisas, despejando cualquier duda que hasta entonces me había servido de coartada para permanecer del lado equivocado de esta historia. Lo único que lamento —aunque sé que entonces no tenía la entereza ni el valor para hacer otra cosa— es no haber permitido que me citara, como tampoco lo permití durante mucho tiempo a quienes me buscaron una y otra vez para intentar entender el embrujo férreo que Maciel tejió durante décadas sobre mi ciudad, mi familia y buena parte de las élites del país.

La culminación de la impunidad y del éxito del fundador pareció darse en el otoño de 2004, cuando Maciel cumplió 60 años de sacerdote y lo celebró por todo lo alto en la imponente basílica de San Pablo Extramuros, flanqueado por una veintena de obispos y diez cardenales, entre los cuales no podía faltar Norberto Rivera, primado mexicano y férreo defensor de la inocencia del michoacano. Al final de la misa solemne se leyó una carta enviada por el mismísimo Juan Pablo II, en la que señalaba que todos podían encontrar en Maciel a «un padre espiritual cercano y un guía eficaz en la apasionante aventura de la entrega total a Dios en el sacerdocio».

La *hubris* quiso que la fortuna del cura comenzara a cambiar a menos de un año después de esa apoteósica celebración. Sabiendo que el ADN de Normita no tardaría en salir a la luz, que la muerte de Wojtyla era inminente y que, sin su protección, se enfrentaría al desprecio o la ira de no pocos cardenales en la línea de sucesión, los Legionarios sorprendieron al mundo anunciando el domingo 23 de enero de 2005 que Maciel dejaba el cargo de superior general. En una entrevista dada la semana siguiente a Zenit, entonces portal de noticias propiedad de la orden, Álvaro Corcuera —ya ungido como director sustituto— afirmó que, como en cada asamblea, Maciel había sido reelecto, pero que, en su «inmensa humildad, prudencia y sabiduría», había renunciado para ver florecer su obra en manos más jóvenes.

Calcularon bien. Ratzinger no se quedó con las ganas de cobrarle a Sodano —su mayor rival en la corte de Juan Pablo II— la protección ignominiosa que hasta entonces este le había brindado a la orden. Desde la Congregación para la Doctrina de la Fe, revivió el caso contra el michoacano en cuanto Wojtyla entró en una agonía inconsciente. Monseñor Scicluna fue despachado de inmediato a recorrer la geografía legionaria, recabando decenas de testimonios tan precisos como repugnantes. Tras la muerte del papa polaco, el 2 de abril de 2005, el humo blanco ungió al propio Ratzinger, pronto Benedicto XVI, y la sentencia contra Maciel fue lanzada en cuanto recibió el informe de Scicluna, el 19 de mayo de 2006:

> Tras haber sometido los resultados de la investigación a un examen atento, la Congregación para la Doctrina de la Fe [...] decidió, teniendo en cuenta la edad avanzada del padre Maciel y su frágil salud, renunciar a un proceso canónico e invitar al padre a una vida reservada de oración y penitencia, renunciando a todo ministerio público. El Santo Padre ha aprobado estas decisiones.

Los aliados de Maciel pudieron darse por servidos. El manotazo pontificio llegó en guante de terciopelo, manteniendo fuera del ojo público los cargos, las pruebas y las indagatorias que, en caso de haberse hecho públicas, le hubieran significado a la Legión de Cristo una sentencia de muerte. Ante la opacidad de la curia —en mi ciudad y en el país entero— todos aceptaron sin chistar las explicaciones susurradas por los superiores y los confesores: que la investigación obedecía a envidias de los rivales de Maciel por su cercanía con Juan Pablo II, que las acusaciones eran de mala fe y calumniosas, que Nuestro Padre se había retirado humilde y voluntariamente. Los Legionarios pudieron esconder los hechos hasta después de la muerte del acusado, cuando, sin más remedio, decidieron encuadrar todos los crímenes del michoacano en uno solo, el que consideraron menos indigesto: enfocó los reflectores en la paternidad amorosa de Normita, ese «pequeño desliz» tan carnal como humano, para apartarlos del fraude financiero, la toxicomanía, los abusos y la aborrecible pederastia cometida contra sus hijos tanto espirituales como físicos. Los macielistas más desvergonzados fingían enternecerse contando que Normita había nacido «de un amor muy bonito», poniendo de ejemplo la paternidad de san Agustín y enfatizando que Marcial Maciel y María Magdalena, ambos pecadores redimidos, tenían las mismas iniciales. El colmo fue que el fallido castigo papal cumpliera el deseo del fundador: le permitió mandar todo a la goma y pasar sus últimos años viajando con su mujer y su hija, desentendido de su legado ponzoñoso. Al conocer la sentencia, el cura se burló de Álvaro Corcuera, lo insultó y se largó a vivir con su familia favorita, mientras el nuevo superior ordenaba publicar un comunicado donde el fundador afirmaba: «Él afirmó su inocencia y, siguiendo el ejemplo de Jesucristo, optó siempre por no defenderse de ninguna manera».

Las paternidades de Maciel no verían la luz sino hasta 2009, y no por voluntad de la orden, sino porque los pleitos por la herencia del padre revelaron al mundo la existencia de los demás retoños. Mi hermano, en su calidad de vicario de la orden, debió peregrinar de centro en centro para darle a las señoritas consagradas la noticia de la «sexualidad desestructurada» del fundador, evitando siempre abordar sus crímenes y vejaciones más graves para centrarse en la maculada concepción. Años antes, tras la publicación del artículo del *Courant*, la orden había orquestado otra gira similar, esta vez para dar instrucciones estrictas a seminaristas y a las señoritas órdenes estrictas de no mirar los diarios ni los noticieros, ni escuchar las «calumnias» que pudieran levantar familiares o allegados sobre «Nuestro Padre», sentenciando *a priori* cualquier reporte como producto de la maledicencia.

Si bien mi ciudad se tragó el bulo entero, cuando recibí la noticia de la renuncia del fundador supe que a la Legión estaba por llegarle su hora: Maciel jamás entregaría la titularidad de su organización a menos que lo obligara una fuerza muy superior. Cuando sintieron a su protector en el trono de San Pedro debilitarse cada día más, y a la Congregación para la Doctrina de la Fe respirándoles en la nuca, los directivos supieron que, si querían tener alguna oportunidad de salvar a la Legión, era hora de alejar a Maciel de su creatura. Así, mandaron hacer una prueba de ADN con un cabello de Normita que una consagrada robó de su cepillo durante una de sus estancias en Cotija. La muestra se secó en el camino, volviéndose inservible, y entonces procedieron a llevar a la muchacha a una visita rutinaria al dentista para que el médico guardara un hisopo con algo de sangre y saliva. Daría cualquier cosa por haber estado en el salón cuando los directivos encararon a Nuestro Padre con los documentos probatorios y terminaron por forzar su salida.

No sería sino hasta dos años después de la muerte del fundador, en la primavera de 2010 y ya con Juan Pablo II en los altares, cuando, quizá fastidiado ante el encubrimiento institucional del falso arrepentimiento de Maciel y la revelación pública de sus muchas familias e hijos, Benedicto XVI decidió lanzar una intervención en forma. Esta vez ya no contra el fundador, sino contra la organización entera. Concluido en 2010, el proceso obligó a la Legión a encarar el pecado original de haber sido moldeada por completo alrededor del culto a la personalidad de un pederasta y toxicómano para costear y facilitar su vida criminal; fue erigida no «por el Reino de Cristo y a la gloria de Dios», como gustaban de exclamar sus afiliados, sino para lubricar sistémica e institucionalmente las perversidades del monstruo que los engendró.

En el verano de 1982, recién regresada de mis estudios en Europa y muchos años antes de la defenestración de Marcial Maciel, mi hermana consagrada me invitó a pasar unos meses en Cotija con la plana mayor de las señoritas y, sobre todo, con el fundador. Ellas se reunirían allí con el fin de poner en papel los reglamentos de la rama femenina, nunca antes fincados porque para Maciel las consagradas eran poco importantes y las relegaba, en su mayoría, a los trabajos más básicos en las escuelas y casas de la Legión. Brindaban, sin embargo, un servicio estrella que a la orden le resultaba prioritario: un reclutamiento agresivo e incesante, escondido tras su vulnerable femineidad, que conducía a una recaudación generosa y cautiva.

El fundador sabía que pocos le negarían algo a una hija o hermana camino a la santidad, con la ventaja añadida de que los costos de las consagradas eran mínimos: la comida era pobre y a menudo regalada por supermercados o cocinas locales; la atención médica era nula; y la ropa, los pasajes, o las reparaciones y mejoras necesarias para sus casas las obtenían pidiéndoselas a sus familias, que nunca se enteraban de que los enseres comprados expresamente para las niñas de sus ojos rara vez serían usados por ellas.

Mi hermana fue algún día una hermosa muchacha, con voz de ángel, ojos verdes y cabello cobrizo que le caía hasta la cintura. Introvertida y melancólica, la aquejaba una fragilidad emocional que la hacía particularmente atractiva al constante escarnio de mi madre. La orden la reclutó desde su adolescencia, quizá uno o dos años después de mi hermano; mi padre le exigió a este que terminara su carrera de ingeniería en la Universidad de Stanford antes de incorporarse a la Legión, requerimientos que, en razón de las bajas expectativas de género, ella no tuvo que cumplir. Se entregó de lleno a su encomienda, buscando propósito, paz y, sobre todo, una comunidad que nunca tuvo en casa y que se le presentaba como amorosa y feliz.

Cincuenta años después, atrofiada física y mentalmente por décadas de control basado en la culpa eterna y en la desintegración de la autoestima; con su herencia controlada por su hermano sacerdote y etiquetada para uso de la orden; sin mayores habilidades, logros o títulos que le permitieran comenzar de nuevo, la regresaron a Monterrey. Antes de su retorno, apenas pasaba por la ciudad una vez cada siete años, la cuota señalada por la Legión para que las señoritas visitaran a sus familias, viaje que para ella era como una plaga bíblica: encontrarse con mi madre era volver a enfrentar todos sus terrores adolescentes, alimentados a cabalidad por insultos corrosivos sobre su apariencia, sus pocos logros o una timidez que la llevaba a bajar la vista y tartamudear.

Cuando volvía, además de esconderse tras alguna planta o mueble de la sala familiar para evitar lo más posible la mirada materna, con frecuencia solicitaba que los hermanos le pagáramos la cura de alguna dolencia física, ya cuando la gravedad volvía impostergable la visita al especialista o al hospital. La atención médica que la Legión brinda a las consagradas raya en la negligencia y mi hermana, a pesar de haber heredado de su padre una suma cuantiosa, se había convencido de que era incapaz de hacer o decidir nada por sí misma. Cuando por fin llegó a Monterrey para quedarse, en la mejor muestra del control perverso de la orden sobre sus miembros, vivió su salida no como liberación, sino como fracaso: se culpó a sí misma, por sus enfermedades y debilidades, de ya no poder servirle más a la Legión de Cristo.

Quizá yo habría tenido un final parecido —o peor—, pero me escapé gracias a George Lucas, a quien una vez encontré en un pequeño hotel de la remota Islandia y, aunque quise declararle mi gratitud, me lo impidió una cobarde prudencia. Todo comenzó a punto de cumplir mis 15 años, cuando un autobús me llevó de Morelia a una casona fresca y blanca, con cúpulas de ladrillo, edificada sobre una loma en el pueblo de Cotija de la Paz. Acepté ir porque la invitación, en ese tiempo y lugar, no podía rechazarse: ¿quién rehusaría convivir de cerca, durante un mes, en un evento trascendental, con el santo de los santos, con Nuestro Padre?

No recuerdo los detalles de los estatutos que se escribieron entonces, solo que la mayoría tenía poco que ver con definir el alma o la naturaleza de la agrupación, y mucho con conductas precisas. Allí se les decretó a las señoritas consagradas la prohibición de maquillarse —hasta entonces podían hacerlo, aunque discretamente—; de pintarse las uñas o llevar el cabello más abajo de los hombros; de usar blusas ceñidas, pantalones de cualquier tipo o faldas por encima de la rodilla; y de tener contacto con el sexo opuesto, aunque fuera casual o necesario, como, por ejemplo, al tomar un taxi con un conductor varón. Imposible olvidar la instrucción de pelar las naranjas con cuchillo y tenedor, ya que, de otra forma, la perfumada piel de esa fruta podría despertar la concupiscencia. A partir de ese encuentro pasaron de verse como señoritas de arreglo conservador a parecer drones asexuados, carentes de cualquier signo de género, como abejas u hormigas obreras.

Más allá de las raras ocasiones en que presidía alguna reunión, o encabezaba alguna misa o el rosario, era inusual que las participantes interactuaran con el fundador. No era mi caso: por sus añejas ligas con mi familia conversábamos seguido, ya en los paseos que solía dar por el campo —llevando una cauda de muchachas pasmadas de admiración detrás—, ya en alguna de las comidas. El hecho de que pudiera acercármele así, libremente, a decirle o preguntarle cualquier cosa, llenaba de asombro a las demás, incluida una jovencita recién reclutada que me llevó aparte para decirme que ella veía a la Virgen, que tenía de parte de Nuestra Señora mensajes secretos para Maciel y que, por favor, se lo comunicara. Así lo hice, y la chica no volvió más por la casa.

Las señoritas consagradas eran conmigo amables hasta el exceso. Todas se esforzaban por contagiar su entrega a la misión y por glosar la santidad del fundador, de quien juraban que podía conocer tus pecados con solo mirarte. También susurraban que tenía el poder de hablar con la Virgen y de estar, al mismo tiempo, en lugares diferentes. Cuando pasaban frente a ellas sus superioras, o cualquiera de los sacerdotes, desplegaban —con una sincronía levemente macabra— las mismas sonrisas congeladas y miradas pasmadas. Muchas tenían problemas mentales: la depresión, la fatiga extrema y las crisis de ansiedad eran aflicciones ocultas pero prevalentes, para las cuales, cuando la orientación espiritual y la oración no eran suficientes, la Legión empleaba psicólogos y doctores afines para mantener al rebaño pastando tranquilo.

Terminado ese verano, y esa residencia en Cotija, sostuve una larga relación epistolar con Maciel —o, más probablemente, con su secretario— y llegué a convencerme, a mis 14 años, de que mi vocación y destino era entregarle la vida a la Legión. El fundador me alentaba constantemente, aunque me pedía guardar la intención en secreto hasta que mi hermano hiciera su profesión definitiva, cuando yo estuviera más cerca de la mayoría de edad. Así me lo escribió en una carta:

> Rodea tu vocación de una actitud de silencio. No hables de ella con personas que puedan inquietarte y molestarte, como María, «que conservaba todas las cosas, meditándolas en su corazón». Date cuenta, Roberta, que el amor entre Dios y un ser humano solamente lo pueden entender Dios y ese ser humano, o ese ser humano y quien representa a Dios [...] esa actitud de silencio, que te recomiendo, es solamente una actitud de discreción para evitar obstáculos y dificultades innecesarios. Imagínate que la santísima Virgen hubiera pregonado a todos los vientos que ella era la madre de Dios. Unos se hubieran reído, otros la hubieran tachado de loca, otros de soberbia, etc. En cambio, ella guardó su secreto y así defendió su vocación.

Con todo, antes de terminar ese mes de oración y fervor en Cotija, inflamada por lo que, a falta de afecto familiar y humano, yo sentía como amor divino, anuncié mi deseo de no esperar más y de consagrarle de inmediato mi alma a Dios y a Maciel. Mi hermana me pidió respetar el plan original, pero, cuando insistí en mi delirio, el fundador aceptó, aunque poniendo como condición la más estricta secrecía: yo debía regresar a casa como si nada hubiera pasado, ir a la escuela, ver a mis amigas y hacer una vida normal, para así evitar la inquietud de mis padres y, de paso, reclutar a más jovencitas sin despertar suspicacias. Con una salvedad: «Sería bueno que ya desde ahora empezaras a dejar y a despreocuparte de las cosas y de los intereses del mundo para centrarte cada vez más y más en Dios. Y así, nada de bailes, nada de cines, nada de fiestas, nada de vanidades mundanas, nada de diversiones impropias de quien va a tener a Dios mismo como esposo de su alma», me instruyó por escrito el cura.

Nadie, además de mi hermana y de una o dos superioras allí presentes, supo de mi consagración, que celebró él personalmente en una de las iglesias del barrio que pidieron prestada para la ocasión. Recuerdo haber visto luego unas fotos del momento en que Maciel levantó la hostia para consagrarla, a ella y a mí, y todavía me pregunto cuántas veces se habrán usado esas imágenes a modo de cuento precautorio. Después de todo, uno de los eslóganes favoritos de la orden era, en el inglés original: «Lost vocation, sure damnation» (Vocación perdida, infierno seguro).

El plan de Maciel era que, una vez cumplidos mis 18 años, anunciara lo sucedido y me integrara de lleno a la orden. Mientras tanto, si necesitaba guía, si me sentía perdida o inquieta, él me asignaría una única persona con quien podría hablar del tema: un director espiritual al que debía reportarme a diario y con quien acudir a confesión una vez por semana, para protegerme de las tentaciones del mundo. Esa persona fue el padre Russell, un cura pecoso y pelirrojo, destacado en mi escuela preparatoria para darles a las alumnas sesiones obligatorias de «orientación espiritual». Muy pronto llegó a exasperarse conmigo, al punto de que sus mejillas alcanzaban tonos de bermellón nuclear cada vez que me veía cruzar la puerta; me reintegré a la buena sociedad regiomontana en los albores de mis 15 años y, con cada fiesta y cada baile —esos que yo tenía expresamente prohibidos—, mi fervor espiritual se diluía. Yo trataba de despistar a mi cancerbero diciéndole que mi asistencia a los lugares donde abundaban los placeres mundanos servía para no despertar sospechas, para bregar el Reino de Cristo en el mundo, pero este muy pronto dejó de creerme.

Y aquí es donde George Lucas hizo su entrada triunfal: la puntilla para mandar a volar mi llamarada de petate vocacional llegó con la saga de *La guerra de las galaxias*, en particular con el *Episodio V. El Imperio contraataca*, que mi confesor designado me negó por considerarla una puerta de entrada a influencias heterodoxas, relativistas y peligrosas de la *New Age*. Lo desobedecí, sintiéndome culpable hasta el tuétano, sabiendo que esa transgresión sería de mis últimas; que, cuando se estrenara *El regreso del Jedi*, planeada para 1983, seguramente ya estaría yo a punto de recluirme en alguna casa de señoritas, con la prohibición total de ver y disfrutar no solo películas, sino diarios, televisión, revistas y el mundo en general. Al salir de la sala traté de encontrar alguna razón para condenar esa prototípica historia del bien contra el mal que espejeaba los mejores valores cristianos, de descubrirla como pecaminosa o tentadora, y no pude. En mi cabeza reverberaron las consignas de mis guías espirituales, repetidas miles de veces: que los humanos somos falibles y no entendemos los designios divinos; que solo Dios y nuestros superiores saben lo que es bueno para nosotros; que la rendición de la voluntad implica sacrificios que no comprendemos, pero que sin duda serán recompensados en la otra vida; y que el demonio se esconde en los lugares más insospechados. Y exploté.

De allí en adelante me negué a someterme a los mandatos asfixiantes y absurdos de quienes hasta entonces había aceptado como mis superiores, emperrados en aniquilar el gozo y la felicidad a golpe de temores fabricados para mantener bajas las cabezas. En la última carta que recibí de Maciel, cuando ya era evidente que el romance entre la Legión y yo había terminado, me escribió así:

> He sabido que últimamente no te estás portando bien, que estás sufriendo una racha de inconformismo, autosuficiencia y rebeldía frente a cuantos te rodean, tanto papás como directores y amigas [...] vive conforme a la fe que profesas, a tu

> amor a Jesucristo, siguiendo objetivamente la voluntad de Dios en sus diversas manifestaciones, aun mínimas, aunque a veces vaya en contra de tus gustos, caprichos y pasiones [...] de lo contrario, cuanto más avances en la vida, te harás más esclava de ti misma, quedándote cada día más sola y vacía de amor verdadero.

Las bendiciones de haberme vuelto esclava de mí misma no fueron inmediatas: pasaron años de culparme por haber desperdiciado así ese don divino; de imaginarme un futuro yermo de «amor verdadero»; de noches cargadas de ansiedades y pesadillas; de contemplar mi segura eternidad en el infierno; de cuestionar una y otra vez si mis decisiones, por nimias que fueran, eran destellos de lucidez o engaños de Satanás. No alcancé la paz sino hasta muchas décadas después, cuando, tras sacarme a la legión de las entrañas, pasé a sacarme a la Iglesia toda y, de allí, al espejismo de la religión en general. Algo lamento de ese periplo: en el tránsito empujé, bajo la urgencia de captar a la mayor cantidad posible de almas, a creerse el engaño de la llamada de Dios a quien en ese entonces era una de mis mejores amigas, una de las chicas más dedicadas del salón y de familia muy cercana a la orden. Ella hizo su consagración pública cuando yo ya había sido catalogada de rebelde sin causa. No duró demasiado: su carácter recio y decidido hizo que, pasados uno o dos años de miseria, consiguiera a escondidas un teléfono prohibido y llamara a su padre entre susurros. La posterior visita, supuestamente casual, de este a la Ciudad de México —donde ella residía en alguna de las escuelas de la orden— terminó con ella brincando la barda de la casa para huir con su progenitor al aeropuerto, tomar el primer avión de regreso a Monterrey y nunca más volver.

A pesar del discurso de sus superiores, la orden ha cambiado poco o nada desde entonces. A principios de 2010, poco antes de que mi hija cumpliera 18 años, empezó a recibir correos electrónicos, primero de su tía y después de su prima, consagradas ambas, sin haber conocido a ninguna en persona: había nacido después de que dejaran Monterrey por la Legión de Cristo y se esfumaran de nuestras pecaminosas vidas. Si bien sabía, por fotos y conversaciones, que existía mi hermana, grande fue su sorpresa cuando se enteró de que tenía primas a las que jamás había visto hasta que se le presentaron, de buenas a primeras, en la pantalla de su computadora, contándole cómo rezaban por ella, cuánto la extrañaban y diciéndole que, si se sentía sola o triste por ser hija única, por sus padres divorciados o por vivir en la Ciudad de México, tan lejos de Monterrey, la invitaban cuando quisiera a casas hermosas que tenían en sitios como Dublín o Connecticut, donde podría convivir con muchachitas como ella y pasarla bien. Al final de una de las misivas, que mi hija me mostró con cara de asombro, mi hermana escribió, como si se tratara de un eco venido de décadas perdidas: «No le digas nada a tu mamá». Y es que —le enfatizó— yo no lo entendería.

EPÍLOGO
LA MUJER INDECENTE

Al regresar de Alemania a Monterrey, ante mis padres se alzaba, como único camino antes de conseguir un buen marido, tener hijos y morir, el ingreso a la preparatoria de los Legionarios, donde el soterrado desprecio hacia lo femenino se alzaba omnipresente y había encontrado en la misoginia propia del norte machito y conservador la horma de sus zapatos. En esas aulas nos repetían hasta el cansancio que la misión de toda mujer era seguir el ejemplo de Mamá Maurita y de la Virgen María: ser castas hasta casarnos y, de preferencia, también después, excepto para tener los hijos que Dios nos diera. Añadían que los mejores partidos quizá se divirtieran pasajeramente con otras, pero que a sus esposas, a las madres de sus hijos, las escogerían solo entre las alumnas del Irlandés. De entre los miles de códigos ocultos de San Pedro Garza García, uno de los más férreos era que para los retoños de las clases altas había solo dos colegios posibles: el Irlandés y el American School, este último de mejor nivel académico, pero mixto y —léase con recelo— de costumbres y valores modernos, extranjeros.

Así, lo usual era que, en una misma familia, los varoncitos fueran al Americano y las señoritas al Irlandés, y de allí el origen de la promesa de nuestras guías morales.

La crianza que recibía toda niña lo suficientemente afortunada de haber nacido en la clase alta del municipio conurbado de San Pedro Garza García se hallaba enteramente disociada del gran mundo: allí, hasta la fecha, la mujer ideal debe permanecer aislada de las tentaciones de la calle, mirándolo todo —desde las conversaciones con los amigos hasta los viajes por el mundo— apenas a través del estrecho lente que, en mayor o menor grado, eligen extenderle primero los padres y los confesores, después los esposos y, en la vejez, los hijos. Mi madre, que compartía enteramente esos credos, dejó muy en claro que la universidad me estaría vetada: primero, porque «para cambiar pañales y mandar sirvientas no se estudia»; segundo, porque a los hombres no les gustan las mujeres inteligentes —«sabihondas», decía—; y, tercero, porque las aulas de educación superior suelen ser mixtas y mi asistencia sin la vigilancia de chaperones sería, a sus ojos, escandalosa.

Haberme sacudido el sueño vocacional de Maciel a mi regreso a México no significó, aún, la intención de rebelarme contra ese obligatorio calabozo doméstico. Pero, conociendo de primera mano los estragos de la sequía emocional e intelectual padecida por no pocas mujeres en mi entorno, la universidad se me volvió un imperativo. Luego de una amarga discusión en la que ni mi madre ni yo dimos el brazo a torcer, mi padre propuso que concluyera la preparatoria, que esperara un año y que, si pasado ese lapso aún quería ingresar a la universidad, me daría el ansiado sí. Tenía entonces 16 años y ni un quinto a mi nombre: la bendición paterna era una necesidad tanto emocional como económica y legal.

Durante esa pausa forzada me coloqué como maestra auxiliar en la primaria de la escuela legionaria de la que acababa de graduarme, uno de los pocos lugares de mi pequeño mundo que contaban con la bendición de mi familia y que estaban dispuestos a emplear a una adolescente sin credenciales. Para la Legión, mi apellido —y el hecho de que no me pagarían casi nada— constituían adornos curriculares invaluables, a pesar de mi soterrada rebeldía. Del otro lado del pizarrón confirmé la estafa que eran esas fallidas academias, pero descubrí que ser maestra sería una de las encomiendas más gozosas y enriquecedoras de mi vida, quizá una de las que más extraño.

Pasados exactamente 365 días de aquella conversación convulsa me presenté con los papeles listos para la firma de mi padre o tutor. Mi sueño era ser médica, pero aquello estaba fuera de toda posibilidad: los más de seis años de estudios, las guardias nocturnas y la abundante presencia masculina volvían mi anhelo una quimera. Me incliné entonces por una licenciatura en Psicología en la Universidad de Monterrey, donde, a modo de consuelo, ahondé lo más que pude en las áreas de neurología y patología.

La UDEM había sido fundada en 1969 por un conjunto de órdenes religiosas —las Hijas de María Inmaculada de

Guadalupe, las Hermanas de la Caridad del Verbo Encarnado, los Hermanos Maristas, los Hermanos Lasallistas y lo que quedaba de las Religiosas del Sagrado Corazón de Jesús—, impulsadas por las estrecheces dialécticas del Tecnológico y animadas por el deseo de ofrecer a Monterrey una escuela superior que abrevara de lo discutido en el marco del CELAM de Medellín apenas el año anterior.

Mi abuelo pronto se sumó al proyecto como su principal benefactor. Soñaba con una universidad rigurosa que fuera, por sus propias inclinaciones clásicas, de corte humanista, inspirada en la Católica de Chile. Ingeniero de cepa, pasaba el tiempo desarmando motores y máquinas para luego ensamblarlos con alguna mejora en mecanismos o materiales, pero entendía al *Hombre de Vitruvio* como la medida del universo físico, y su erudición de lector voraz le permitía discutir desde lo nimio hasta lo sublime con el mismo brillo en los ojos. Habría sido una decepción para él constatar que los capitanes de empresa regiomontanos de hoy —al menos los más visibles— consideran en los hechos a las bellas artes y a las humanidades como frivolidades propias de homosexuales o de mujeres, de preferencia sus hermanas o esposas, sin mejor quehacer.

Es cierto que Monterrey se precia de tener grandes filántropos y bellos museos, pero la mayoría de los primeros respalda las instituciones culturales apenas como parte de una estrategia fiscal, desinteresada de las manifestaciones humanas sin valor contable y temerosa hasta la médula de cualquier material que saque a las audiencias de su sopor conformista. Si compran arte, lo hacen como inversión o como símbolo de vanidad y estatus, alentados por una corte de financieros, decoradores o galeristas tan obtusos como avariciosos.

Uno de los primeros cuadros de la colección permanente del otrora hermoso Museo de Monterrey, un deslumbrante maizal del Dr. Atl, fue donado por Rosario Garza Sada, mi tía abuela. Ese recinto fue el primero en mostrar al público regiomontano, desde su apertura en 1977, obras de Diego Rivera, Rufino Tamayo, Alberto Giacometti, Robert Mapplethorpe y Pablo Picasso, y en llevar a la ciudad a personajes como Eugène Ionesco o Le Corbusier. El domingo 28 de mayo de 2000, luego de 23 años de entradas gratuitas, la dirección general de la empresa decidió cerrarlo de manera permanente.

Como las herederas de esa rama de la familia eran todas mujeres y, por lo tanto, soterradamente impedidas para asumir cargos o responsabilidades fuera de sus casas, el yerno que manejaba el negocio consideró más conveniente invertir el dinero antes destinado al recinto en el patrocinio de un corredor de coches entonces de moda. Nadie podía quejarse demasiado: para fortuna de su familia política, el elegido multiplicó con creces sus panes y peces, siendo su mayor éxito la venta de la cervecería, empresa regiomontana fundacional e insignia, a una transnacional. Lástima que los réditos no parecieran suficientes para reabrir el museo y liberar la emblemática colección de las bodegas donde aún languidece.

Ese caso no fue, en modo alguno, único. Cuando las carteras nacionales se estrecharon a fines de los noventa, un empresario cementero decidió hacerse cargo de MARCO, el Museo de Arte Contemporáneo de Monterrey, hasta entonces fondeado por el grupo industrial Alfa, cuyo edificio había sido diseñado por Ricardo Legorreta e inaugurado en 1991 con la magnífica exposición *Mito y magia en América: los ochenta.* Lo primero que hizo al tomar las riendas del sitio fue instalar a su hermana —hasta entonces dedicada esposa y ama de casa, con preparatoria terminada— como directora de la institución, desplazando o despidiendo a los curadores e historiadores que la habían mantenido en funcionamiento.

Por todo lo anterior, aunque a mis padres les contrariaba mi deseo de ir a la universidad, se sintieron menos amenazados al saber que estudiaría en la UDEM, un sitio que, por centrar su oferta académica en las artes y las ciencias humanas, la buena sociedad consideraba apto para señoritas, lo que hacía que en sus pasillos los hombres fueran aves raras. No repararon en que la capellanía de la institución estaba en manos de unos franciscanos, siempre cercanos al corazón de mi abuelo, que llevaban años de haber cambiado las sotanas por chanclas de hule, las tonsuras por el cabello largo y las casullas por morrales de lona. Esa ignorancia fue una bendición. Puedo decir que mi tránsito por esas aulas fue feliz, que toda práctica religiosa era opcional y libre, abierta a la crítica y desenfadada, que lo aprendido dentro y fuera del currículo oficial me ha servido toda la vida y que estoy profundamente agradecida con no pocos maestros que, sin grandes herramientas ni trayectorias sobresalientes, entregaban el alma en cada clase.

Mi padre, hombre de palabra, me miró con expresión rendida y firmó. Mi madre, en cambio, me maldijo durante semanas: auguró que mi vida sería una vergüenza y un fracaso, y colocó aparatos de sonido a todo volumen a la entrada de mi habitación para impedirme estudiar. Incluso en un sitio tan conservador como San Pedro, estas reacciones resultaban extremas; sin excepción, mis compañeras de generación cursaron sus carreras con la bendición entusiasta de sus familias.

Conviene decir que, aunque atenuadas, las posturas decimonónicas que anclaban a mis padres gozaban de buena salud en el resto de esa buena sociedad: sí, las sampetrinas podían —y pueden— ser universitarias, pero en el entendido de que la mayoría estudia mientras espera la llegada de su boda, que su vida familiar siempre tendrá prioridad sobre la profesional y que ninguna soñaría con mezclarse más allá de lo estrictamente necesario con compañeros de otros códigos postales. Al elegir carrera, la mayoría de mis compañeras optó por administración, mercadotecnia o diseño, mientras que los chicos que frecuentábamos, pocos años mayores y siempre de familias con cartografías genealógicas ampliamente conocidas, se decantaban por ingenierías, medicina o leyes, de preferencia en el extranjero, porque para ellos la necesidad de tener éxito profesional y económico no era opcional.

Mis amigas que se casaron jovencitas se dieron de baja de las aulas de inmediato para dedicarse en cuerpo y alma a jugar a la casita, y quienes se graduaron antes de recibir el ansiado sacramento rara vez hicieron vida profesional: se ocuparon de lleno en afinar los detalles de la incipiente boda o, ya con cierta urgencia, en conseguir un buen partido. Ese destino envolvente se veía reforzado por las miradas sucias y los cuchicheos de la égida femenina: que una mujer casada y con hijos trabajara o tuviera cualquier pasión o afición fuera de la casa resultaba mal visto por el omnipresente coro griego de tías, comadres y abuelas que, en San Pedro, tanto cobijan como atenazan desde la cuna hasta la tumba. Para esa muy femenina inquisición, el papel de la mujer es exclusivamente el descrito por Melchor Ocampo, cuya epístola define al sexo débil así:

> La abnegación, la belleza, la compasión, la perspicacia y la ternura, debe dar y dará al marido obediencia, agrado, asistencia, consuelo y consejo, tratándolo siempre con la veneración que se debe a la persona que nos apoya y defiende.

En la tierra que me vio nacer, en una mujer, la construcción de cualquier asomo de vida propia despierta sospechas, sobre todo en torno a la pobre crianza que recibirán los hijos al tener una madre tan egoísta como para anteponer sus caprichos personales a los deberes familiares. Muy pocas mujeres con las que crecí se titularon en escuelas de prestigio, y menos aún desarrollaron algún talento o consiguieron encomiendas profesionales de altos vuelos; cuando eso sucedió fue siempre en el exilio. Quienes así lo hicieron

—y quienes aún lo hacen—, al volver esporádicamente a casa, son recibidas por amigas y familiares con la inamovible pregunta: «¿Ya tienes novio?», y cuando la respuesta es negativa surge el suspiro decepcionado y la conversación pasa a otra cosa, sin importar que las aludidas vengan de negociar la paz mundial o de inventar la cura del cáncer. El Tecnológico de Monterrey, siempre a la vanguardia, ofrecía clases exclusivas para mujeres emprendedoras sobre cómo llevar con éxito los negocios y la familia. De la veintena de nietas de mi abuelo, solo dos o tres terminamos la universidad, y de todos los nietos, solo quien escribe hizo una vida profesional fuera de los negocios por él fundados.

Esta negación de los talentos y de la inteligencia femenina, sembrada en buena parte por mi familia, cimenta en San Pedro los disparejos roles de género que caracterizan al país entero, pero de manera particular a mi ciudad, hasta hoy. Para una intervención médica menor, mi madre rechazó airadamente los servicios de una anestesióloga de impecables credenciales: «¿Una doctora? ¿Qué sigue, una mujer piloto? ¡Me bajaría del avión!», exclamó desde su cama de hospital. La ocurrencia me pasmó, aunque al resto de mi familia le pareció muy graciosa.

La viñeta subraya una verdad atroz: que el machismo regiomontano es, primordialmente, perpetuado y reforzado por sus mujeres. Son las madres, las hermanas y las tías quienes instruyen a sus hijas, sobrinas y hermanas desde la más tierna infancia a hacerse amigas de la compañerita de buenas familias, sobre todo si tiene hermanos mayores.

Son ellas quienes encauzan a las niñas al *ballet* y a los niños al futbol; quienes compran mamelucos para ellas en rosa y para ellos en azul; quienes les ponen relleno en el corpiño a niñas que aún lo usan. Son quienes exigen a sus hijas servir y atender al hermano y al padre sin esperar que ellos levanten un solo dedo en casa; quienes les prohíben salir sin arreglos o maquillaje y les aconsejan no responder ni opinar porque calladitas se ven más bonitas. Son ellas quienes se lanzan con el vitriolo más ácido contra quienes rompen la yunta. Frente a la rigidez diamantina del código, el rebaño femenino acaba conformándose con una vida subsidiaria, de platitudes y frivolidades, en una condición de dependencia infantilizada que lo libera de toda responsabilidad fuera de la domesticidad. Cuando alguna tiene la desgracia de verse asaltada por ocasionales sueños de fuga, dispone de los antidepresivos y ansiolíticos que toda dama que se respeta lleva en abundancia en sus bolsas de diseñador.

Esta permanente sumisión de las mujeres de mi vida ante sus amorosos testaferros comenzaba, por supuesto, en las carteras. Con pocos incentivos para hacer carreras profesionales o negocios propios —más allá de alguna tienda de modas o pastelería—, los recursos económicos les llegan del padre, del esposo y luego de los hijos, quienes suelen administrar sus portafolios en la viudez. Para sentarse en un consejo de administración siempre pesa más ser varoncito que ser accionista: en las clases altas de Monterrey no es inusual que, al fallecer el patriarca, las acciones de la empresa se entreguen exclusivamente a los hombres, mientras que a las hijas se les deja algún valor estimado en efectivo y quizá una casa tamaño hangar de aeropuerto.

Si bien es cierto que la chatarrización de los alcances femeninos comienza por las finanzas, la pinza se cierra en ese otro motivador primario cuyo nombre siempre se pronuncia bajito y solo en la más estricta confianza: el sexo. Circunscrita a la procreación bajo el santo sacramento del matrimonio, mi educación sentimental dictaba que, para nosotras, todo lo relacionado con el placer físico —en particular el erótico— debía verse como sucio, impuro e indigno. Un buen día, recién llegada de Europa y de salida a la farmacia, mi madre me preguntó desde su garita en el pasillo adónde iba. Le dije que necesitaba comprar toallas sanitarias y, por respuesta, me devolvió un grito agudo: afirmó que en su casa esa palabra —toallas sanitarias— no se pronunciaba jamás.

Como en toda sociedad puritana, estas castraciones lingüísticas y mentales lograban el efecto opuesto: una población hipersexualizada, perversa por reprimida y finamente hipócrita. Más de una señorita de sociedad se ufanaba de haber llegado virgen al matrimonio, aunque se hubiera dejado horadar por todos los orificios naturales excepto por la vagina, a la que, por cierto, jamás se le llamaba vagina, sino algún seudónimo más llevadero como el aquellito, el tesorito o el bollo.

Por si fuera poco, la ciudad suele exigir de la femineidad una dicotomía imposible: en calidad de hijas, esposas y madres debíamos actuar como María la Virgen; en calidad de posesiones o mercancías, debíamos vernos como putas de Babilonia. Así, entre las clases altas del recio norte, el modelo estético ideal se aproxima peligrosamente al de una muñeca inflable: cabello, de preferencia rubio, largo y con más volumen que crinolina de quinceañera; maquillaje cargado y ropa entallada, acompañados de joyería abundante y llamativa, rematado todo por tacones altísimos incluso para ir al supermercado. Y, no lo olvidemos, un busto enorme y enhiesto que se bambolea sobre una percha de extrema delgadez, conseguida tras largas horas en el gimnasio y una ingesta calórica insuficiente para sostener la vida.

Si San Pedro es el reino de los implantes, también es uno de los sitios donde la anorexia y la bulimia se enseñorean como virtudes. Las dietas extremas, las purgas y los licuados de fibra fueron presencias frecuentes y envolventes en mi crianza, habituales en toda reunión social. «La prefiero muerta que gorda» era el grito de batalla de no pocas madres cuando a sus niñas preadolescentes les comenzaban las curvas. Devolver el estómago era un truco ya muy visto. Un consejo compartido cada que se acercaban el verano y sus bikinis consistía en llevar siempre en la bolsa paquetitos de papel de arroz o, en su defecto, pañuelos desechables, para comerse algunos trozos antes de las cenas o meriendas con el fin de engañar al apetito. Cuando todo fallaba, los ortodoncistas de cabecera de las mejores familias cerraban las quijadas de las adolescentes con alambres en los dientes, de modo que apenas pudieran abrir la boca lo suficiente para dejar pasar un popote: tras un par de semanas de licuados desaparecían esos 4 o 5 kilos que las separaban de la ropa talla 0 y de su partido ideal.

Las violaciones éticas cometidas por no pocos médicos que dan servicio a las vanidades electivas de la buena sociedad sampetrina, arriesgando severamente el bienestar físico de sus pacientes, no causan la menor inquietud entre las madres de familia, que con gusto entregan a sus hijas a estas y otras torturas, mientras se ocupan a cabalidad de impedir —por inmorales— procedimientos como la venta de anticonceptivos, la colocación de dispositivos intrauterinos o las esterilizaciones voluntarias. No hablo de oídas: poco después de divorciarme, a los 35 años cumplidos y con una única hija, decidí hacerme la salpingoclasia, y mi entonces ginecólogo tuvo que inventarme padecimientos para que el hospital privado donde se realizaría la sencilla intervención pudiera autorizarla. En los albores del milenio, en Monterrey, si una mujer sin el permiso expreso del padre o del marido elegía no tener más hijos —es decir, atentar contra su esencia y naturaleza, negar el fin para el cual fue creada por Dios—, debía antes haber sido madre al menos dos o tres veces o tener más de 45 años.

A ese mundo llegué tras casi tres años ininterrumpidos de vivir en Europa, habituada a una libertad incipiente cuyo gusto me haría imposible regresar a mi jaula de oro a los pies del Cerro de la Silla, donde cruzar el túnel que conecta el municipio con la ciudad de Monterrey se consideraba poco menos que una excursión a África. Mi cabello despeinado y ochentero, las camisetas con eslóganes y los aretes de herrajes fueron censurados de inmediato por mi madre, quien comenzó a exigirme que lo cambiara todo, empezando por mi peso: ya estaba en edad de conseguir novio y mis 65 kilos le parecían un exceso. Sus dardos diarios, profusos e implacables, dirigidos con precisión quirúrgica, dieron como resultado que, a la fecha, nunca sepa cómo me veo cuando me enfrento al espejo. Me ordenó cambiar los pantalones de mezclilla por faldas, frecuentar el salón de belleza, maquillarme a diario y dejarme crecer el cabello; olvidar los tenis y aceptar las invitaciones de insulsos muchachitos de «buenas familias». Y, por supuesto, me prohibió leer lo que describió como «esas porquerías de libros» que había traído de Europa.

Lo más difícil de todo fue volver a mi vieja escuela. Durante tres años mis ocupaciones habían sido mis libros y mis estudios, y unas amistades francas e inocentes, cuando, de golpe y porrazo, llegué a una versión tropical de Choderlos de Laclos para la cual nada me había preparado. Mis compañeras, además de unos códigos sociales para mí arcanos, contaban con cuentas bancarias generosamente dotadas para adquirir vestidos, cosméticos y arreglos. Llegaban a las frecuentes reunioncitas en sus coches del año, con aire acondicionado, perfectamente acicaladas, mientras que la disciplina prusiana de mi padre me asignó cero pesos y, luego de mucho rogar, un Gremlin básico color vómito, que había usado por años el jardinero de mis abuelos y del cual, en los calores de Monterrey, me bajaba ensopada.

Uno o dos años después subí de categoría: seguía sin presupuesto, pero me dieron el uso de la Caribe blanca que había pertenecido a mis hermanos mayores y que, pese a su mala condición, poseía cierto encanto. En alguna ocasión alguien fue a recoger en ella al aeropuerto a Alejandro Colunga, y este pintarrajeó el techo con un marcador, formando una especie de Capilla Sixtina semoviente, lo cual compensaba la ausencia de aire climatizado y el hecho de que le hubieran quitado el asiento delantero para poder llevar más carga. Así se formó un hoyo de regular tamaño en esa parte del piso, por el que entraba el agua cuando llovía. Tampoco funcionaban los limpiaparabrisas, y se le desprendía la manguera del combustible, de modo que yo tenía que parar a reconectarla cada ciertas cuadras.

Nada de lo anterior es digno de queja. Sé lo afortunada que fui al tener, ya no un coche, sino una casa y comida asegurada durante mi infancia y juventud. Pero en San Pedro la complacencia y la ceguera ante el otro —ante los otros— solo admiten como punto de referencia la apariencia y el juicio de los vecinos inmediatos. Cuando una niña sampetrina franquea la puerta de su casa, le caen encima desde su más tierna infancia un millón de ojos que la escrutan a destajo, como lechón en carnicería o ganado fino en feria, sin verla jamás, paradójicamente, a ella; sin importarles la suma de las partes, los ritmos de su corazón o lo que pasa entre sus orejas: ¿Trae el pelo peinado y bien cortado? ¿Se le ven los huesos de la cadera y las clavículas? ¿Pasa el aire entre sus piernas o está demasiado gorda? ¿Su ropa es de marca, nueva, bien lavada y planchada, y le queda bien, o va rabona? ¿Qué coche usa y cada cuánto se lo cambian? ¿Su bolsa es de verdad o pirata? ¿Cómo se le ve el maquillaje: lleva los colores de moda o lo trae corrido? ¿Habla quedito y saluda a todos de beso, con una sonrisa? ¿De qué familia es, con quién se casó el hermano, cómo va el negocio de la familia, con qué novio anda y con quién se junta? ¿Trae partido el esmalte de las uñas? ¿Es blanca o más bien aperlada? Y, lo más importante, ¿va a misa y qué cura legionario va a cenar a su casa?

Si no me convertí en basura social fue gracias a mi apellido, a que la estancia fuera me había dotado de cierto exotismo y a que mi mordacidad natural mantenía a raya hasta a las peores víboras. Aun así, sortear a los 15 años el yugo del espejo; la disonancia entre lo que podía, quería y debía ser; y, por último, el choque entre mis padres y la modernidad, fue una encomienda que viví como brutal e insondable.

A mis 16 años, por urgencia de mi madre, me hice novia del amigo de uno de mis primos, ocho años mayor que yo, y nos casamos días antes de que yo cumpliera 19, luego de vernos apenas dos o tres veces por semana, siempre muy vigilados. Con una excepción: todas mis hermanas mayores requirieron, hasta la entrega del anillo de compromiso, acompañamiento constante en los coches, aunque el recorrido fuera apenas de un par de cuadras. Si fui la primera y única a quien le permitieron ir sola por la calle con el novio, no fue por un súbito ataque de progresismo, sino porque mi madre temía que la relación terminara y que, sin amarres a mis 17 o 18 primaveras, yo me quedara para siempre solterona o, peor aún, cumpliera mi desdentado sueño de escaparme a alguna universidad en el extranjero.

La noche anterior a la boda no pude dormir, y no precisamente por la emoción. Sabía que mi salud mental no resistiría mucho más en la casa familiar, presa de la desintegración psíquica y emocional de mi madre y de la petrificación cada vez mayor de mi padre, pero también presentía que navegaba de torturas conocidas a otras por conocer. Mi flamante marido, aunque apoyó mi deseo de terminar —incluso después de casados— los dos o tres años de carrera faltantes (o, como gustaba decir, «me dio permiso»), siempre vio con malos ojos mis intereses contracanónicos, mi tendencia a hablar sin filtros y mi incipiente activismo político a favor de la democracia. Ni siquiera mis padres, que vigilaban como halcones lo que ellos entendían por mi castidad e integridad, me reclamaron nunca que llegara a las dos o tres de la mañana tras las marchas, los plantones o los volanteos montados en esas primeras dentelladas norteñas contra la dictadura.

Creyéndome la fantasía de que el amor lo puede todo, le aposté a la esperanza y decidí abrazar el infierno probable por encima del tangible: fue la única ruta que encontré que no despertaba el miedo atroz y paralizante a que me expulsaran de lo que entonces entendía como los límites del universo. No sé si hice lo correcto: los 15 años que duró ese matrimonio fueron todos malos.

Carente de referencias afectivas sanas, confundí el chantaje emocional y la agresión pasiva de mi nueva familia con cariño. Que se saludaran dándose abrazos pachones y se dijeran sin tapujos unos sendos tequieros me resultaba desconcertante y revolucionario. En apariencia, mi pareja cumplía con todos los requisitos deseables: era muy blanco y de ojos verdes; su familia era «de toda la vida» —como llaman en San Pedro a quienes acumulan varias generaciones de membresía en los clubes sociales sin mayores escándalos—; en público se mostraba siempre amable; tenía un negocio familiar, si no próspero, al menos regularmente solvente; y, lo más importante, iba a misa todos los domingos.

Pero una inseguridad feroz, heredada y reforzada cotidianamente por una madre castrante y resentida, lo llevaba a necesitar confrontarme de manera perpetua y a someterme a una vigilancia continua; pronto convirtió la vida en común en un pequeño infierno. Si yo llegaba a casa momentos después que él; si hablaba en sociedad de temas que no fueran el personal doméstico, los bebés o el clima; si le pedía a su madre que no llegara a mi casa ordenando cómo alimentar a mi hija o acomodando los muebles a su gusto; si no contestaba sus múltiples llamadas, o si llegaban invitaciones a mi nombre que no incluyeran su apellido, él explotaba en malos humores que al principio duraban horas y que pronto se volvieron permanentes.

Con el tiempo, mis días comenzaron a salpimentarse de ataques de pánico feroces, súbitos: de un instante a otro me hacían querer arrancarme la piel y se instalaban en mi esternón por días o semanas, causándome un cansancio crónico y unos nervios al rojo vivo que el insomnio no dejaba paliar. No aminoraron hasta que encaré el hecho de que ya no quería seguir viviendo con quien había jurado, frente al sacerdote, mi familia y amigos, amar y respetar hasta que la muerte nos separara, como él me lo recordó cuando por fin, gozosamente, le dije adiós.

Me tardé tanto en romper porque el divorcio, en mi familia, simplemente no existía, y en mi estrecha comunidad a las mujeres que lo buscaban se las veía por lo general con desconfianza y se las premiaba con el peor ostracismo. Fe de ello dan no pocas historias de terror: una pariente, separada de su marido por sospecharlo homosexual, le construyó al susodicho un anexo a la casa para no necesitar verlo, pero se las arregló para que ambos salieran de la misma cochera sin que nadie sospechara ruptura alguna. Una sobrina, tras regresar a Monterrey luego de años entregada a los Legionarios, se desesperaba por conseguir pareja. Finalmente tuvo amores con un divorciado, y su padre le dijo que, en esa condición, quizá podría pasar unos años de felicidad en la tierra, pero que seguro ganaría la eternidad en el infierno, con lo cual logró que rompiera la relación.

Tiempo después de mi separación, un hermano me extendió invitación a la boda de uno de sus hijos. Yo ya vivía en la Ciudad de México con quien ha probado ser el mejor de los compañeros y, al osar preguntar si podría llevar a un indistinto alguien —a cualquier amigo o acompañante—, la respuesta fue un rotundo no. Esos comportamientos —los calificativos de pecaminosos, inmorales, indignos, denigrantes— revolotearon sobre mi cabeza como buitres: me dijeron que no les parecían correctos. Curiosamente, la recua de políticos con terceros y cuartos turnos que sentaron en la mesa de honor no pareció causarles mayor molestia.

Apuntaladas por sus confesores legionarios, las buenas conciencias regias no consideraban el abuso emocional ni la infelicidad como causas de separación: cualquier turbulencia se achacaba al egoísmo o a la falta de fe, casi siempre de la mujer. Para que una fémina de valía justificara una ruptura había que demostrar violencia física, homosexualidad u otras situaciones tan palpables como extremas. Nada de esto era mi caso, así que, incapaz de ver más allá de mi pecera, pasé años en una neblina opresiva y gris, pensando que no podría salir jamás de ese marasmo hasta que la muerte nos separara. El peor momento de mi día, todos los días, era cuando escuchaba su coche llegar al atardecer.

Mi único refugio fue una imaginación desbordante que, noche tras noche, me arrullaba llevándome a una vida imaginaria y paralela, lejos de mi casa y de mi ciudad, con personas y escenarios generosos e interesantes con los que iba amueblando una casa de muñecas onírica donde me sentía segura y feliz.

Para no entregarme del todo a la desesperanza me dedicaba, siempre en el tiempo que me sobraba, a actividades que no opacaran el buen nombre de mi marido ni representaran una amenaza para el papel de esposa y madre cristiana que me había tocado en suerte. Mi trabajo docente en el Bachillerato Internacional del Tecnológico de Monterrey y las clases de conversación en alemán que tomaba en el Instituto Goethe me alimentaron durante muchos años.

Mi entrada a lo que hoy es el grupo Milenio fue más espinosa y tan involuntaria como providencial. Una amiga de la infancia trabajaba allí cuando *El Diario de Monterrey* era regenteado por Federico Arreola. Ella le habló de mí cuando el Hartford Courant destapó la cloaca de Marcial Maciel y Federico, siempre proclive al fino arte de agitar avisperos, pensó que sería una excelente idea que una hija de la más rancia y conservadora aristocracia norteña se uniera a su sección editorial. *El Diario* no gozaba del favor de una sociedad que se decantaba unánimemente por *El Norte;* sin duda de mejor factura periodística —al menos entonces—, pero esa no era la razón de su popularidad, sino el hecho de ser considerado el portavoz de la moral y de las buenas costumbres locales, además de monopolizar la cobertura de los mejores chismes y eventos sociales. Sus páginas de opinión publicaban con regularidad columnas firmadas por rabiosos defensores de Maciel, mientras que en sus revistas de sociales las hojas centrales mostraban a las hijas y nietas de los patriarcas empresariales en minúsculos bikinis. Con esa dupla asegurada, y bajo la sombra de *El Norte,* en Monterrey ningún otro medio crecía.

Por las razones que hayan sido, hasta la fecha le agradezco a Federico que, sin tener yo el talento ni la trayectoria, me abriera las puertas no solo de *El Diario*, sino del mundo del periodismo mexicano, plagado de personajes tan fallidos como maravillosos. Conmigo fue un jefe presente y generoso; quizá hoy no sea un personaje popular, pero mis interacciones con él siempre fueron gratas. Mis primeras columnas, abigarradas y medrosas, resultaron también ejercicios éticos invaluables: dibujar mis ideas amorfas en el papel me obligó a contemplarlas, a enfrentarlas y a reconocerlas, estrechando los espacios donde se ocultaban mis contradicciones e hipocresías.

Esas confesiones semanales no me metían en problemas con la buena sociedad porque nadie las leía —invariablemente, cuando algún vecino se enteraba de que escribía en *Milenio,* me preguntaba en qué parte de la sección de sociales—, pero hacerlas suponía poner en confrontación abierta mis deseos y mis realidades, una fricción que terminó erosionando la seguridad de las segundas en favor de los primeros. Porque en esos años mis dudas y señalamientos ante la evidente hipocresía y el oscurantismo de una comunidad que yo veía en franca descomposición —encarnada de manera particular en la voluntad de no ver los crímenes y perversiones en el seno de los Legionarios de Cristo— no eran solo una incomodidad, una irritación para quienes asumían a esa orden como los elegidos, los favoritos de un papa que había acabado con los horribles comunistas y los garantes de mantener a sus hijos y a la ciudad entera a salvo de influencias perniciosas y en camino seguro al cielo. Eran, también, la peor de las traiciones.

La mitad de mi familia no solo estaba bajo el embrujo del fundador: era su cómplice. Mi hermano sacerdote fue durante muchos años vicario de la orden, mano derecha de Maciel y arquitecto del imperio financiero de la Legión de Cristo, donde a la fecha sigue. Otro, en su papel de capitán industrial, no escatimaba recursos para empujar la agenda de Maciel o castigar a los enemigos de Nuestro Padre. Y la mayor, junto con su esposo, servía de punto de entrada de la orden en un sinfín de organizaciones supuestamente independientes y laicas, por no decir en el mundo de la política, donde mi cuñado incursionó sin demasiado éxito.

Mis tibios asomos de entonces fueron vistos al principio como desplantes de una mujer levemente histérica o ávida de atención y, al final —sobre todo después de mi divorcio, cuando recuperé la voz—, como traiciones abiertas a mi familia y a mi sociedad. Y eso me torturaba. Pero nunca pude guardar un silencio que me habría evitado muchas lágrimas, porque no se trataba de solapar infracciones menores, pecadillos sin consecuencias o delitos resarcibles. No: hablábamos de un pederasta, estafador y manipulador que destrozó la vida de cientos de personas y que, aun después de muerto, fue cobijado y protegido por la orden que fundó a su imagen y semejanza, y por todos sus miembros y cómplices, por acción u omisión, entre los cuales se contaban de manera preeminente un par de miembros de mi familia, los mismos con quienes crecí, con quienes jugué a la pelota y canté villancicos en Navidad alrededor del pino, velita en mano, los que me leyeron cuentos de niña. Hasta hoy, ninguno ha reconocido ni un ápice de su papel en apuntalar y encubrir al monstruo de Cotija.

Mi paso por el Goethe fue una experiencia menos intensa, pero igual o más consecuente. Allí conocí a quien hasta la fecha es uno de mis amigos más entrañables: un chico de Ensenada que llegó a Monterrey a estudiar leyes. En una breve desviación vocacional vivió un año en Alemania estudiando ingeniería y había perdido el idioma tanto como yo. Se pensaba a sí mismo como el Hombre de Hojalata, el del *Mago de Oz*, por una sensibilidad extrema maldecida por la incapacidad de expresar emociones. No podía ser más distinto de la fauna a mi alrededor: introvertido, lector irredento y dotado de un delicioso humor negro, hablábamos de libros y de cine con un desparpajo reconfortante, un bálsamo en medio de la hambruna intelectual y emocional que era mi vida entonces. Nos habríamos perdido por horas en conversaciones gratas y estimulantes después de cada clase, de no ser porque demorar mi llegada a casa siempre me acarreaba consecuencias desagradables.

Años después seguimos viéndonos en citas clandestinas, pero el lector puede ahorrarse el morbo. Cada par de meses, en días en que mi marido salía de viaje o algún asunto le impedía llegar a comer, el Hombre de Hojalata y yo nos encontrábamos lejos de los sitios frecuentados por amigos y conocidos para hablar sin ser molestados de lo leído y lo visto, de lo que pasaba por nuestras cabezas y en nuestras vidas. Nunca hubo nada más allá de un cariño profundo y un sentimiento de compañía que me bastó para mantenerme viva en esos años desbordados de soledad. A pesar de la inocencia de esos encuentros, yo los vivía con una angustia permanente: ¿qué pasaría si alguien nos veía y me reconocía?, ¿si le contarían a mi familia o a mi marido que había estado comiendo en un restaurante público, sola y lejos, con un hombre desconocido?

Ahora que escribo esto quisiera estrellar la cabeza contra el teclado, pero en mi entorno esos pequeños encuentros se veían como las peores transgresiones. Una mujer decente no debía tener vida propia, y eso incluía, antes que nada, cualquier relación con el sexo opuesto. Una de las creencias más firmes de mi madre sostenía que la amistad entre géneros no existe, que se trata de una imposibilidad pecaminosa inventada por la liberación femenina. Ese parecer lo compartían a cabalidad las mujeres a mi alrededor, erigidas en feroces vigilantes de la castidad ajena.

En mi caso, y bajo el entendido de que esas amistades me estarían vedadas por haberme unido hasta que la muerte nos separara con la persona equivocada, descubrir que una camaradería amable podía existir entre un hombre y una mujer marcó el comienzo de los terribles episodios de ansiedad y pánico que se enseñorearían de mi vida durante años.

Pasaría mucho tiempo antes de que dos situaciones —dos campanazos súbitos— me empujaran a cruzar el Estigia de vuelta al mundo de los vivos. Una fue una conversación con un escritor y editor de la Ciudad de México que, cuando *El Diario de Monterrey* se volvió *Milenio* y mis textos comenzaron a circular a nivel nacional, seguía mis columnas sobre mis penurias con los Legionarios, o más bien sobre la forma en que mi entorno permanecía hechizado por ellos pese a las evidencias de una perversión que empezaba a desbordarse como cloaca en tormenta. Un primer contacto electrónico se volvió una relación epistolar longeva y luego una amistad a prueba de toda diferencia. Siempre me atrajo la manera económica, fluida y juguetona con que hilaba sus frases, y siempre le agradeceré que haya sido un maestro y editor generoso, empujándome a publicar mis maltrechos primeros textos en revistas como la ya difunta *Complot*. Sus tarjetas decían entonces «Promotor de estrellas», y no mentían.

En alguna ocasión me quejé amargamente de sentirme como la loca de la casa, anunciando monstruos que los demás juzgaban inexistentes, y de cómo mi marido descontaba mi malestar remachando una y otra vez, enfadado, que exageraba, que al final la orden hacía una infinidad de obras buenas y que lo que yo debía hacer era dejar el asunto por la paz. Mi nuevo amigo contestó, casi sin pensarlo, lo difícil que le resultaba entender en un compañero de vida la ausencia —si no de comprensión, al menos— de apoyo; creo recordar que la palabra que usó fue complicidad. Al leer esa frase, el camino se me apareció súbito, diáfano y cristalino. Lo que más temía en la vida era la expulsión de esa imaginaria utopía, la defenestración social y familiar, la letra escarlata colgándome del pecho, pero todos esos horrores resultaban quimera cuando, en los hechos, llevaba años tan rodeada de gente como enteramente sola. Para romper el espejismo debía dejar atrás todos mis referentes conocidos y lanzarme al vacío, lejos de la opresiva sombra que en mi cabeza dibujaba la cruz de mi parroquia. Sabía que no habría punto de retorno, que a partir de allí tendría que fabricarme un mundo propio para el cual no tenía ruta ni vía, pero que sería tangible y real, a diferencia del que me inventaba en mis entresueños. A esas alturas me quedaba muy poca vida por perder, y comencé a planear una estrategia de salida.

Mi intención, pensando en mi hija, era aguantar hasta el término del siguiente año escolar antes de anunciar mi deseo de separarme, pero no pude. Entender que la cascada de torturas cotidianas terminaría antes que mi vida natural tuvo un impacto inmediato: dejé de resentir sus constantes críticas y exabruptos, y dejaron de irritarme los desplantes de su madre cuando me hacía saber lo inferior que era en comparación con ella, o cuando me insultaba al alcoholizarse en las reuniones. Dejé de oponer resistencia y alcancé una ligereza que llevaba muchos años sin conocer.

Una noche de primavera fuimos requeridos a un pequeño encuentro por una amiga galerista y, como él tenía un compromiso previo, insistí en ir sola. Antes, el drama habría terminado con una disculpa mía y mi resignación a pasar la noche en casa, pero mis miedos habían comenzado a soltar amarras. Él se fue a su cena de negocios y yo me encontré en el restaurante de moda con mi amiga y dos de sus artistas: un pintor cubano y un escultor polaco. Al terminar la cena me retiré para llegar a tiempo, es decir, antes de que él regresara a casa; me habría quedado con gusto a la sobremesa, pero me resultaba imposible disfrutar esas raras salidas sin mirar continuamente el reloj o revisar el teléfono, temiendo siempre la fatídica llamada perdida. No podía saber que aquel sería mi último día con esa espada de Damocles sobre la cabeza. Su reunión no fue del todo afortunada y regresó antes de lo acostumbrado, con peor humor del habitual. En el camino hacia la casa vi las luces de su auto un poco delante del mío y, al entrar, quise saludarlo. Me paró con un seco «¿dónde estabas?», aunque bien supiera la respuesta. Se la recordé y me espetó: «Las mujeres decentes no andan solas en la calle por la noche».

No sé qué tipo de mirada le regresé, pero su cara de espanto no me impidió pedirle que se sentara, que debíamos hablar. Le dije que ya no quería vivir con él, que lo único que deseaba era que, aunque ya no fuéramos pareja, pudiéramos seguir siendo padres. Balbuceó algo, incrédulo. Continué: llevaba años sin ser feliz; no le pediría absolutamente nada, pero necesitaba que se fuera, que saliera de mi vida. Tras un rato de pasmo habló de cambiar, de dialogar, de «permitir», y le respondí que podíamos hacerlo fácil o difícil, pero que mi decisión estaba tomada. Después de horas de reclamos, gritos, amenazas y chantajes, dijo estar de acuerdo en esperar el fin del año escolar; este llegó y se fue, pasaron los días y las semanas, y él seguía rehusándose a aceptar que allí ya no quedaba ni un buen adiós. Me fue necesario enviar un mensaje abierto a amigos y conocidos anunciando que nos separábamos para que, al hacerse público el trance, finalmente empacara y se marchara.

Pronto aprendí que deshacerse de un marido es más fácil que deshacerse de un exmarido. En la primera de una larga lista de atrocidades, a los pocos días reunió a algunos de mis hermanos para decirles que me había vuelto loca, que había que hacer algo conmigo, que mis relaciones con esos periodistas descreídos del diario donde escribía me habían trastornado, que había dejado de ir a misa y que temía por el bienestar de nuestra hija. He de decir que, para mi sorpresa, el apoyo de mi familia fue inmediato, aunque con el tiempo comprendí que para algunos sería siempre condicional: respetaron y apoyaron que no continuara en ese matrimonio miserable, pero esperaban que nunca pasara de ser célibe y mártir, como mandan los cánones de la Iglesia para las mujeres separadas.

Nimiedades todas. Aunque el proceso fue tan grato como tragar vidrio molido, una vez que lo vi salir cargando maletas, desde la misma noche en que las sábanas de mi cama dejaron de ser sudarios, mi rostro sostuvo durante dos años una sonrisa franca y simétrica que me acompañó de sol a sol. Volví a tomar café sin temblores y a dormir como oso en invierno; recuperé la paz y me reencontré con amigos entrañables que regresaron a mi vida tan de golpe como habían sido ahuyentados cuando me casé. No ocurrió así en todos los casos: en San Pedro, las divorciadas son vistas como peligrosas por algunos hombres, que temen que sus esposas infelices se contagien del germen de la insumisión, o por las mismas mujeres, eternamente temerosas de arriesgar la dudosa fidelidad de sus maridos.

Pasada mi venturosa declaración de independencia personal, me tomó décadas desintegrar por completo la armadura envolvente, rígida y cargada de miedos y prejuicios producto de mi crianza. Los costos no fueron pocos. Perdí a la mayor parte de mi familia, a mis referentes conocidos y una red de seguridad que, lo confieso, a veces añoro, sin haber llegado nunca a arrepentirme. Aunque fuera a trompicones, decidí recuperar el tiempo ido y lanzarme a comerme la vida a dentelladas, comenzando por una visita a la Ciudad de México por invitación de mi amigo editor, que vivía entonces en un departamento fresco de la colonia Condesa. Desde allí fuimos de cantina en cantina, aleteando alrededor de una fauna que no podía ser más distinta de la que yo conocía: desenfadados hasta la autodestrucción, expresivos, articulados, encantadores, enciclopédicos, ferales y mayoritariamente intoxicados. Una cantante de moda llegó con un tutú catedralicio y se sentó, efusiva, en las piernas de un émulo de Bukowski, quien exhibió su imperturbable maestría al recibirla sin derramar una gota de su enésimo tequila. Ese fue mi primer salto verdadero de fuga y la primera de muchas corridas que empezaban al mediodía para terminar rayando el alba. La compañía de cualquiera de ellos habría sido anatema para mis familiares y amistades de entonces; uno de mis mayores orgullos es que, aunque casi no tengo contacto con los segundos, conservo la amistad de no pocos de los primeros.

Años después sigo soñando con cierta frecuencia que estoy de vuelta allí, en mis lugares de antaño, rodeada de los mismos rostros hostiles, sacudida por la desesperación y la impotencia de entonces, hasta que la pesadilla termina y me deja boqueando por aire, envuelta en escalofríos. Nunca he logrado deshacerme del miedo a que, en la vejez, las nieblas de la demencia me instalen de forma permanente en esas geografías tempranas de mi vida, donde el único despertar sea la muerte. Pero aquella noche, cuando por fin dije adiós, esta mujer indecente salió a la terraza para llenarse hasta reventar de un cielo resplandeciente de luna llena mientras, de reojo, veía que quien hasta ese día había sido mi esposo me observaba, atónito, por una rendija de la ventana. Poco me importó. Por primera vez en muchos años, me sentí feliz.